阅读成就梦想……

Read to Achieve

爱情十讲

[美] 丹尼尔·琼斯（Daniel Jones）◎ 著
姜晓乐 魏宁 ◎ 译

Love Illuminated

Exploring Life's Most Mystifying Subject (with the Help of 50 000 Strangers)

中国人民大学出版社
· 北京 ·

献给查尔斯和薇若·琼斯
在爱情上，你们是我一生的导师

Love
Illuminated

目录

Exploring Life's Most Mystifying Subject
(with the Help of 50 000 Strangers)

引言
爱如生命 / 1

第1讲
卷起袖子寻找爱 / 9

第2讲
爱情是不是冥冥之中的注定 / 29

第3讲
爱情的脆弱性 / 53

第4讲
爱情新领域：网恋 / 75

第5讲
爱为什么让一些高智商的人也变得愚蠢 / 89

第6讲
寻找婚姻中的平衡 / 105

第7讲
当婚姻成了独轮车，爱如何重铸 / 125

第8讲
关于不忠，没有任何合理的理由 / 141

第9讲
爱情所不能承受之重 / 155

第10讲
爱是一见钟情，还是日久生情 / 169

Love
Illuminated

引言　爱如生命

Exploring Life's Most Mystifying Subject
(with the Help of 50 000 Strangers)

让我们从一个小测验开始。现在的书籍总是用撩人的小测验作为开头，这样读者们就会继续往下探索，不用多费口舌。作者们多聪明啊，或者说，那书真是傻到家了。

我的小测验不是那种通过对答案就能测出爱情 IQ 的测验，也不是把结果上传到网上，以匹配保证帮你把钱赚回来的终身伴侣。

这不是一本提供严格答案、无效退款的书。我不会用 GPS 定位你的真命天子、解释男人为什么不爱乖乖女的心理，或提供一份清单以现场测试诱捕猎物的浪漫策略。这本书只用了很少的科研结果来支撑，因为我不是一位受人尊敬的医生或令人称赞的学者，我不过是一个卑微的报纸编辑，一个——可能难以置信，但我必须承认——以读他人爱情故事为生的人。

我在《纽约时报》有一个个人专栏，叫作“现代爱情”。在这个栏目中，人们对他们面临的关系困境有了发泄的勇气。这份工作我干了差不多 9 年，有时全职，有时不是。在这段时期，有 5 万件感叹爱情的故事经过我的大脑过滤，但更多的是通过我的心。

这些爱情故事通过电子邮件，不分昼夜倾泻进我的电脑，再从打印机里打印出来，铺满了我的办公室和家里的桌子。晚上跟我一起躺在床上，跟着我参加家庭度假，当我带着狗散步时钻进我的手机，或站在我儿子足球比赛的间隙旁。甚至在鸡尾酒会、公共事件中，以及飞机、火车和汽车上，他们都在向我娓娓道来。

在人们明白我的工作性质后，他们总是说："你一定对爱情了解颇深吧。"或者会提到《欲望都市》里的两性专栏作家莎拉·杰西卡·帕克的名字，并对我评头论足："你就像男版的凯莉·布拉德肖（Carrie Bradshaw）。"

以这种方式观察我的第一个人是一名记者，他在我刚参加工作时采访了我，那时的我在爱与智慧方面还是个门外汉，甚至不知道谁是凯莉。我还以为记者口中的那个人是著名的"钢人四分卫"——现在的福克斯体育评论员特里·布拉德肖（Terry Bradshaw），那是我在匹兹堡的童年时期就开始崇拜的人。我并没想起来问布拉德肖跟专注于两性关系的杂志编辑有什么关系。所有我能想到的是：他说我就像男版的布拉德肖？布拉德肖本来就是个男的啊。

看，那时我对爱情依然知之甚少。而9年后的现在，我已很清楚地知道，爱情能填满整整一本书。

不过，我不认为自己是披着智慧之袍、乘着飞毯坐在神山之巅的大师，可以向世人传授恋爱与失恋的智慧。坦白地说，尽管这些年来在爱情的海洋里浸泡了这么久，我依旧对爱情没什么把握。你问我究竟研究到了什么，就像问一颗泡菜对于醋了解多少一样。

不过，我试着用另一种方式来解释这件事。

请想象你在一艘远洋游轮上，像一只井底之蛙一样享受着锦衣玉食的生活，睡在气候控制舱里，在私人阳台上边品尝食物边欣赏美丽的海景。你恍惚觉得，在露天游泳池的甲板边练习击剑就像吃新鲜出炉的烤面包夹果酱一样美妙。

在我成为现代爱情栏目的编辑之前，我的生活就是上文提到的那样。

后来有一天晚上，你绊倒在游轮的栏杆上，落入汪洋大海。不过，那不仅仅是一片普通的水域，而是爱情的海洋。

罗伯特·普朗特（Robert Plant）和全明星阵容的老头乐队“the Honeydrippers”歌唱的《爱情海》（*Sea of Love*）听起来如此性感和令人神往，但实际上这是一个黑暗而吓人的地方——深不见底，寒彻肌肤而且坚不可摧，还有数十亿长着尖牙利齿、会发光的畸形生物潜伏在海底。幸运的是，在你获救之前只会在这片海域困上一小段时间，不过这也许只是你的臆想。但似乎所有人，甚至连你的妻子，都没有注意到你消失了。一天天过去了，在你反应过来之前，已经在幽闭的黑暗中消磨了 10 年。

难道待在爱情海里的所有时间，把你变成了一个海洋生物学家，能够解释加勒比海栖息着的介形虫（一种生活在海底的甲壳纲动物）如何利用生物发光来吸引异性？或者为什么小丑鱼（一种游动范围有限的生物）在洞穴里意外遇到同性时可以从雄性变为雌性并与之交配？

不，你无法解释它们。但在花了 100 多个月的时间，浸泡在 5 万个陌生人的私人生活里后，你会情不自禁地浮现出某种想法。从连续的感情欺骗，到因缺乏安全感、傲慢自负或两者皆有，而注定摧毁其每段感情所产生的懊悔，人们会以爱之名做出无数奇怪和世俗的事情，在你看来已经成为常态。

当然，所有这些令我苦恼的关于挫折和背叛的故事，同时也是关于勇敢和慷慨的故事——你几乎不敢奢望在这种危险的高度跳跃，它需要你拥有巨大的勇气，以至于让你感到自己多么地胆怯羞愧。爱情关系对每个人都是一种挑战，但为什么对于爱情的欲望会使有些人成了佛，而另一些人成了魔？

让我们一起探索吧。你是否已经忘了开始时我说的小测验呢？

我几乎快忘了。不管怎样，测验即将开始。有些问题可能看起来有点儿古怪，但没办法，这就是爱。祝你好运！

1. 努力寻爱，交付命运，你认为二者何为上？

2. 如果关于命运的言论让你作呕，你还会试着相信吗？

3. 假如你有生理缺陷、心理问题，或因医疗事故造成的尴尬问题，这让你对于开始一段新的感情很不安。当新欢对你破碎的过去感兴趣时，你认为何时对他/她讲述是最恰当的？是在一切还未开始时就说清楚并承担吓跑他/她的风险，还是等到他/她已经爱上你时再坦白？

4. 假如你和另一半像越来越多的情侣那样在网上认识，在现实生活中却素未谋面，但你依然觉得这是目前最重要的关系，一段投入了大部分时间和精力的感情。你认为通过语言、图片、表情，以及频繁的短信进行纯粹的线上交流比面对面的交流更能让人感到满足吗？

5. 假如你是一个离异母亲，通过网上约会服务，认识了一位异地的离异父亲。一开始你们通过电子邮件联系，后来一系列长长的私密电话粥使你们变得更加亲近。他有一口奇怪却温暖的英国腔，还有其他迷人的特点。

最后，你们安排了见面，他将在一次国际商务旅行结束时来到你的城市。但是，他从尼日利亚打来的电话却让你心烦意乱，他被抢劫围殴，送进医院休养，还弄丢了护照，目前身无分文。你愿意借给他一千美元吗？这样他就可以支付账单，继续旅行，最后来到你面前。

即使这个请求听起来跟过去几年你收到的垃圾邮件一样惊人地相似，让人起疑，但你还是选择信任他。毕竟这是一通电话，不是一封电子邮件。即使素未谋面，但这通电话是从你的爱人那里打来的，而不是陌生人。因此你寄了钱，后来他要的越来越多，你寄的也越来越多。直到你终于接受自己可能成为一个骗局的受害者的事实。你停止了对他的回应，忽略他的请求，直到他放弃，但这段经历让你感觉筋疲力尽，备受打击。

几个月过去了，当你再次收到他的消息时他承认过去的一切都是幌子，并乞求得到你的原谅。他并不是英国的离异父亲，而是一个单身汉，始终待在家乡尼日利亚，而那些长长的电话粥让他真的爱上了你，现在他依然爱你，也许只是这样说说罢了。他向你解释道，他被犯罪头目警告说，在诱惑猎物上钩的阶段，绝不能跟任何女性产生感情，然而与你，他无论如何都想得到一个重新开始的机会。他承诺不会再向你要钱了，他说他想与历史说再见，逃离过去的生活，和你见上一面。因为他无法离开尼日利亚，所以你必须启程。

尽管非常谨慎，但你还是不可救药地爱上了他，他那温柔的声音和翩翩的风度让你无法自拔。你不断对自己说，是贫穷驱使他误入歧途做了坏事。你对他充满爱意，但理智试图说服你离开他，朋友们也说如果你再继续这段关系就是疯了。然而，你无论如何都决定要和他在一起。

在机场的行李领取处，你们相遇了。他手捧鲜花，脸上洋溢着大大的微笑。你终于没忍住眼泪。你们在一起度过了很多欢乐的时光。他什么都没问你，你也没有提起过那个骗局。但问题依然存在，谁知道你是不是又掉入了另一个国际骗局里，或是遭遇了另一种新的情况，就像你可能在健身房里遇到的情况一样：有人对你献殷勤，甚至亲口对你示爱，但你怎么知道他们是真心的？

6. 恭喜你！你决定步入婚姻殿堂，组建家庭。但是你面临了一个如今大部分人都会遇到的问题，你的复姓是史密斯 - 沙利文，你另一半的复姓是施瓦茨菲德尔 - 阿布拉莫维茨。请问你们的孩子将来跟谁的姓？

7. 像婚姻遇到危机的数百万名中年人一样，有一天你在Facebook上发现了自己中学时期的初恋情人。你开始幻想如果自己当初同初恋结婚，生活将会多么美好。与常人一样，原始的冲动驱使着你开始与他/她调情。同时，你又担心这会给家庭、事业与名望带来什么不良后果。

你没办法结束一切。超级英雄的故事激励了你，他们总是小心翼翼地向风险靠拢，最终抱得美人归，所以你们决定冒险单独会面。当实施绝妙计划时，你感觉头晕目眩又惊慌不已，你找了个借口，从家里溜了出来。在去餐厅的路上（一半的路程竟花费了两个小时），你感觉整个事情正在变得无法掌控，这次见面的后果可能会超出预期，因为你的手在颤抖。你犹豫着要不要回家。然后你想：为什么我不能在多年后重新享受一次爱情的刺激呢？

这是个好问题：你为什么不能？

8. 结婚多年，你发现自己开始思考一夫一妻制的意义，甚至跟朋友私下讨论过，在动物的世界里，它们如何维持对性爱的忠诚？毕竟只有少数珍稀物种才会推行一夫一妻制，比如灰狼和黑鹫（你情不自禁地把一夫一妻制与它们代表的不祥之兆联系在一起）。

你开始困惑，到底在什么样的紧急情况下才可以亲吻不是自己配偶的人。上帝啊，仅仅是为了暧昧一下，就要在变得又老又丑之前与那个点燃自己激情、让自己浑身充满力量的人小酌一杯？尽管听上去不可思议，但你确实想与他/她发生肉体关系。当幸福来敲门时，万事俱备了吗？忠诚与背叛之间的生理界线究竟在哪儿？

9. 假如你的另一半在一场突发事故中伤到了脑神经而罹患早发性老年痴呆，或者患上了可怕的狂躁症。十几年来你债务缠身，只是为了履行结婚时那一句理想主义般的承诺：无论顺境还是逆境，无论健康还是疾病，都风雨同舟，患难与共。

尽管你满怀希望地在治疗另一半的身体机能缺陷和人格缺失上费了很多功夫，但你开始忧心忡忡地盘算着比起那些丢失的美好时光，你们之间还剩下多少未来？你希望自己足够强大，能驱走心中的恐惧，但是似乎做不到。是的，你承诺过永远忠诚，始终爱自己的另一半，直到死亡将你们分离。但这样的承诺能走多远？肩负起爱情的责任又需要做出多大的牺牲？当你发现自己作出承诺时面对的那个人，和眼前的他 / 她判若两人时又该怎么办？

10. 最后一个问题。如果你已经到了对这本书感兴趣的年龄，那也许你一定体验过爱情很多次了。在你看来，爱情是一见钟情还是日久生情？

到此结束，放下手中的笔吧。你答得如何？在很多问题上你是否对自己喃喃自语道“我不知道”？我也一样。这真让人心烦啊，不是吗？如果我们连爱情门萨协会的入门测验都通过不了，那将如何获准加入协会呢？

接着看下去吧。这些问题会再次出现的。事实上，它们会在接下来的 10 个章节中跳跃着出现（或层层深入地出现）。我无法给出这些问题的标准答案，标准答案总是被标榜得太高。所以，还是把它们当作建议比较好。

爱如生命，是一个永恒的话题。到头来，爱是好奇的，是多变的，就像一个人将自己抛入海中，而不是在甲板上安然无恙地过活。所以，换上潜水服，带好氧气管和面罩，握紧我的手。哦，别忘了橡胶鼻塞，它能防止海水灌入鼻腔置你于死地。这趟旅程是一个急速下潜的过程，让我们启程吧。

第1讲

卷起袖子寻找爱

不管一段恋情如何开始，
爱情的行走轨迹都是由浅入深，
即使你真的以一个荒唐浅薄的理由
开始一段罗曼史，
也不一定意味着会得到惩罚性的后果。

Exploring Life's Most Mystifying Subject
(with the Help of 50,000 Strangers)

你是怎么觅得爱情的？或者，如果你还是单身，你会怎么做？你会不会列出自己的择偶条件？会不会咨询情感专家？会不会预定约会服务？相不相信越是努力地去寻觅，爱情旅途会越顺利？还是像往常一样生活、工作、社交，与潜在的恋人会面，相信一切都顺其自然，缘分该降临的时候总会降临？直截了当地说吧，对待爱情，你是一个狂热的猎食者，还是相信命运的蠢驴？

我承认我属于让爱情随缘的木脑壳，但我妻子绝对是狂热的爱情猎食者（用“主动”这个词好一点儿）。不要把每件事都归咎于星座，我认为跟我一路的人大部分都是在家里排行靠后的人，有别人来掌管一切是一件很开心的事。我打赌，像我妻子那样喜欢先发制人的人，绝对喜欢在童年时期对弟弟妹妹们发号施令，然后不经意间变得喜欢在恋爱中寻求刺激感。

20 年前，凯西和我在图森相识。当时我在亚利桑那大学攻读硕士研究生，4 年里，我制订了一个关于创意的写作计划并打算拿到艺术硕士学位。虽然我和凯西都是 27 岁，但她大学毕业后在纽约杂志社获得了报头主笔的职位，而研究生对她来说只是一种放慢生活节奏、为自己争取时间进行写作的方式。我比凯西晚一年拿到大学文凭（我在幼儿园留了一级），后来去了西部的犹他州公园城，找了一份滑雪场管理员（冬季）和滑雪教练（全年）的工作。

滑了两年的雪，拖了两年的地，我的内心开始渴望新的挑战。所以我决定回到南方，回到图森的葡萄柚树下写短篇小说。过了几个学期，毕业季迫在眉睫，而我的未来似乎一片迷茫。我变得萎靡不振起来。这时，凯西来到了我居住的小镇上。那天，我正为早上编个什么理由出门而犹豫不决。

这也是我们会见面的原因。

鉴于凯西性格里的一丝不苟，她在做出任何决定之前都会仔细研究每个备选选项。因此，为了得到亚利桑那大学研究生院写作计划的内幕消息，凯西拿到了正在编辑的杂志样本，便于完成全国各地的搜集任务，而不是只通过看书或打一通电话拿到第一手资料。在与项目总监会面并探讨了他提供的所有资料之后，凯西要求的是一份愿意与她共进午餐并交换写作观点的女生名单。她特别强调了名单是女生的，凯西打算听一听女研究生的写作经验，更不想因为单独跟异性吃了一顿午餐就陷入了让人不自在的男女感应。

我不是女人（从来都不是），也不知道为什么栏目的编辑把我的名字添加到了女性名单的最后。不管什么原因，凯西和我显然是注定要相遇的，那天名单上的所有女生碰巧都抽不出空来跟凯西共进午餐，她们都很忙。就在那个早晨，命运的齿轮开始转动，当电话响起时，我正在发“早晨咖啡呆”，坐在床上，无精打采地凝视着眼前的一片虚无。

“免费午餐？”这可是你说的。

不到一个小时，在三明治和饮料的陪伴下，凯西开始问我问题，问题跟我的研究生课程一样无聊：“你家乡来自哪里？你写过什么文章？你家里有兄弟姐妹吗？室友呢？”

我被问得有点儿混乱，努力在她连珠炮般的发问下回复每一个问题："你最喜欢的小说是什么？你爱读什么杂志？你在哪儿弄到这些太阳镜的？你脖子上挂的东西是什么？"

凯西最后的要求是读一下我关于研究生写作计划的文章，所以午饭后，我们俩漫步回到英文系教学楼，我将我的作品连同其他两篇故事文稿给了她。

接下来的一个星期，我收到了一封来自纽约的信（是的，一封真实的信，当时是 1989 年），信里凯西感谢我愿意与她见面，并帮助她完成任务。她说她是在浴缸里读我的故事的，而且很喜欢它们。后来的后来，她又告诉我她在浴缸里阅读的时候，就是她最初爱上我的时候。我也承认，当我在脑海里勾勒出她在浴缸里享受我的作品的样子的时候，也是我最初爱上她的时候。

我给凯西写了回信，在信里感谢她对我的赞美和那顿免费午餐。慢慢地，我们开始了书信交流。考虑到我们之间写作水平的差异，我的信往往篇幅很短（2 到 4 页），但她的却常常洋洋洒洒长达 20 多页，而且整篇都没有空行。凯西常常在凌晨起床准备第二天的工作时给我写信，她在信里会告诉我她上班时干了什么，晚餐吃了什么，前一天晚上睡前读了什么书。她告诉我关于她的朋友、她的前任、她欣赏的作家和旅行去过的地方。她还问我关于我的朋友、我的前任、我欣赏的作家和我旅行过的地方。

在交换信件的过程中，我和凯西试图确认相隔 400 多公里的我们有没有可能成为彼此的另一半。很快，我们抓住了种种细节，为我们爱情罗曼史的开始埋下了伏笔。例如，我们很快发现我们是在同州同镇同年同月出生的，而出生日期只隔了 10 天。这意味着在摇篮时期的我们很可能在同一片天空下呼吸着同样的空气，或曾把呕吐物吐到同一块草坪上，这些迹象都让我们确信我们俩未来的"兼容性"很棒。

偶然间，我们又发现了一个巧合：我的父亲——一位著作等身的政治学家，曾经将他某本书的第二版题献给我和我的哥哥。而凯西的妹妹买过这本书，她是一位初露头角的政治家，当时正在康奈尔大学读政府课程。当学期结束时，凯西的妹妹把书带回家，摆在与凯西共享的卧室里。也就是说，没错，那本写着我名字的书，连同“爱”这个单字，在我们俩相遇之前就已经在我未来妻子的卧室里扎根了。

这一切都非常明确地证明了我们俩是国家级认证的灵魂伴侣，对吗？

凯西和我对此深以为然。不仅仅因为那本书或出生于同年同月同地这些表面迹象，更是因为在这段书信交流中我们所做的一切让我们学会了爱。凯西决定申请图森的大学而且被录取了。几个月后，我飞回东部帮她搬家。我们开着一起买的吉普在乡间小道兜风，住在同一个小镇，一起寻找美食，一起徒步旅行，一起骑脚踏车，还会在节假日和周末来一段公路旅行。我们俩都没办法绷着脸讲出“灵魂伴侣”这个词（另一个证明兼容性很棒的例子），最终我们确立了恋爱关系——在一起过一辈子的那种。这对我和凯西来说意味着性格中的共通性、相似的幽默感、共同的人生目标（尽管我是一个懒鬼，但是我的人性中依然闪着野心的微光）、恰到好处的时间（我们都快30岁，想安定下来）的神奇组合。

筹划了18个月后，我们订婚了。不到一年，我们举行了婚礼。在这个爱情故事里凯西是主动出击的那个人，但我发誓，我当时几乎就要先下手为强了。

卷起我们的袖子一起寻找爱情吧

这就是25年前我跟凯西如何认定对方的故事。那天，我几乎没有出门的欲望，凯西也在尽最大的努力避免与男人接触，但是爱情就在一瞬间击中了我们。命运之神阴差阳错地把我的名字写在了错误的地方，还有一群奇怪的女人声称自己抽不出空吃午餐。我们的机会才得以降临。

如今人们是如何寻找爱情的呢？大多数人通过类似的方法与爱情不期而遇——在学校与某人擦肩而过、从朋友或亲戚过渡到爱情，或者在乘飞机、坐在公园长椅上时认识自己的另一半。在我所听过的故事中，不管是在一次偶然的事件中还是经过别人介绍，无须费太多的脑筋运用复杂的策略，大多数人还是会通过自身努力觅得爱情。

然而，还有很多人用尽了那些老式的方法却并没有奏效。也许他们没有耐心等待爱情，也许他们认为那些方法远远不够。当下，考虑到我们开发了各种各样的交友工具和约会软件来加快我们穿梭于浪漫之路的频率（质量也有所提高），他们认为用这些方法才行。在爱情这件事上，明明可以通过纯粹的努力和自身的果断出击来提高成功的概率，为什么他们偏偏要依赖于运气与邂逅呢？我感觉越来越多的人开始对爱情抱着一种追捕的态度。事实上，我从那些孤独和沮丧的人口中往往会听到这样放弃努力的言论："我意识到现在必须开始把相亲当作一份工作来对待了。"

当然，最终对这个言论深信不疑的人在一开始也是将信将疑的：首先，他们可能已经有了一份工作，既不想要也没时间兼第二份职；其次，爱情是充满魔力的，但大部分工作跟魔法毫不沾边，即使你是个魔术师；第三，在工作中过分狂热的人看起来可能会像个专业工作狂，而在爱情中过分狂热的人则会像个绝望的失败者（或者人们只是这样担心）。

尽管如此，他们还是加入了寻爱活动——有些人不情愿，有些人则急切地开始实施行动计划。这种计划不可避免地影射了一个办公室人员会议议程，在完成各项任务时（或仅仅在纸上谈兵），那种议程模板是我们运筹帷幄之中最为熟悉的。而最早被考虑进这项议程的，通常是“议程目标”与“议程完成期限”。

也许这些主动出击的寻爱人会计划 5 个月内至少约会 50 次、每年谈一段浪漫的恋情，这会给他们带来各种荒唐的经历。或者他们会计划进行 10 次网络约会，每次接触 100 个陌生人，这样就能至少与 1 000 个人保持短暂的暧昧关系 [马尔科姆·格拉德威尔（Malcolm Gladwell）[①] 没写过教爱情新手们如何与 1 000 个人保持暧昧关系的书吗？是的，他没写过。如果他写过，那么上文提到的计划也许能成为帮你达到目的的 10 种计划中的一种]。

在典型的办公会议的头脑风暴阶段，你可以选择倚仗探测无人机来敦促大家跳出固有的思维模式，想出更富创意的计划（即使实在打破不了常规，请重新考虑老生常谈的创意计划）。这些机械般的、总在一个频率附近徘徊的创意会在那些希望在寻爱旅途主动探索更多爱的人心里激起波澜。他们会想：我现在不是在工作，我需要一个新的、更好的方式。这样他们才会给寻爱装备添砖加瓦。

例如，如今最直接的加速猎爱的方法就是出门扩大社交圈。然而，你有没有想过，交更多的朋友也许并不是个好方法，而是一种偷懒的表现，是一种不可取的方法。“打破常规”则是把自己跟少数人划在一起，然后与世隔绝。比如，与 10 个陌生人一起报名参加为期一个月的皮划艇游览火地岛及其周边海岸的活动；加入美国和平部队，与一两个志同道合的人道主义者一起被派往稻谷广布的偏远地区。就算是找一些不那么异国情调的方法也行，只要能和几个竞争者在一起远离外界的喧嚣，就能找机会为自己争取足够的时间，让爱情慢慢渗透。当你身边只有几个来自五湖四海的人，而你也认定自己会爱上其中的一个，对别人来说这个目的同样明确，难道你不认为在这种情况下坠入爱河的概率很大吗？（和平部队的例子并不是子虚乌有，我确实听说这个机构在不经意间变成了婚介所。和平部队招募了全球热心于公益事业的人并促成了很多对姻缘，以至于机构

① 《纽约客》著名撰稿人之一。——译者著

内部拥有傲人的结婚率。)

办公室会议通常会打着给每人分配责任的旗号，会议结束后每个人都回到办公桌前的一亩三分地，开始投机取巧地上网找对策，求助网络是最简单易行且直接高效的办法。对于下定决心卷起袖子寻找爱情的人来说也一样。当内心翻涌着的热情减退后，他们意识到自己野心勃勃的计划要全部完成简直太累了，便开始寻求无须离开书桌的简易相亲方法。于是他们开始点击鼠标，进行线上约会，这是一个神奇的平台，猎爱者们在这里感受到浑身充满了干劲，而且非常高效，最重要的是，他们只消耗了很小的精力。

网络交友一度非常不受欢迎，人们嘲弄它像一个“肮脏的肉类交易市场”。而如今，网络交友摇身一变，成了搜寻单身人士的流行服务——它提供了貌似无穷无尽的合适对象供你选择，就像挂在树上任你采撷的糖果一样，这项产业每年总共能赚取上亿美元的收益，而且声称每天能够促成上百桩婚姻。或许几年前你的朋友还在嘲笑、同情你注册了婚恋网站，而今天，每句嘲笑又都返还给了那些坚持不做出尝试的人。不知道为了什么，那些人坚持用老方法寻爱，就像荒野求生的人钻木取火一样。

婚恋网站已经不再只是年轻人的天下，注册人群中增长速度最快的人群是中年人。离过婚的，或失去丈夫后边带孩子边工作的单亲妈妈们因为太忙而没有机会去可能碰到缘分的场合。对大多数的这类人来说，只有深夜才是触碰爱情的时机，而只有网络才会提供这样的平台。

我们是如何走到今天这一步的

在过去的几个世纪里，人们结婚的原因有很多，或是因为有相似的家庭、宗教、经济背景，又或是政治联姻。两人之间的情投意合（如果这一条也被算在内），在这张清单上的排名已经很靠后了。那时的人们认为应该先结婚，再恋爱。或许，他们这辈子都体会不到恋爱的滋味。

过去几百年里发生的社会剧变改变了一切。人们不再屈从于迂腐的习俗，也不再让别人干涉自己选择与谁结婚共度余生的权利。我们要为爱而结婚！我们需要做的只是找出一种可靠又高效的办法寻爱罢了。

最终，一些受人尊敬的机构中的精英开始为此投入时间与精力。很快，互联网被发明了出来，每个人都配备了笔记本电脑。你还没反应过来，这一切就都悄然发生了。人们舒舒服服地坐在家里，浏览着网页，渴望通过网络提供的候选人目录，寻找与自己同样心切的单身者，建立人生中最重要的一段关系。

这种广泛商业化的配对模式到目前为止并没有取得太大的成效。恋爱的基本问题对我们来说似乎永远是个难题。我们不确定吸引自己的那个人是否对自己感兴趣；或者，如果他 / 她也喜欢我们，我们接下来就要展现出自己身上少得可怜的魅力，努力付出大量的时间，慢慢暴露自己当时掩盖住的缺点。婚恋网站并不能缓解这些不安全感和压力，而且也从未承诺过在这方面帮助你。

婚恋网站给出的承诺更像是在当地舞蹈俱乐部或酒吧度过单身之夜时获得的承诺，但比那个稍好一点儿。就像在一个单身之夜里一样，我们会被介绍给一群在此之前不会相遇的人，而且每个人在一开始都必须承认自己是一顿可到手的盘中餐。网恋则让人们有机会品尝一小口撩人的滋味，我们可以了解到网络另一端那个人的喜好与怪癖，包括之前的罗曼史，而不是只经过面对面简短交谈几句就发现不合适，把对方拉进黑名单。因此，网恋加速了恋爱的过程，在这个过程中我们无须付小费，我们需要的只是花费大把时间坐在电脑前。让我们面对这个现实吧：反正只要坐在电脑前就行了，不妨顺便找找未来的另一半吧。

另外，网恋还有其他优势。比起把选择对象局限于身边的一小群人来说，网恋允许你在数以千计的陌生人中精挑细选，他们可比身边的单身废柴迷人得多，因为陌生人总是比熟人更有吸引力（至少在看到照片或亲自见面之前是这样）。

难题就出现在这里：由于网站拥有异于常人的处理资料的功能，它们依靠各种策略帮助你层层筛选，并将候选人分到特定的组群供你管理。表面上看，这组人都是有可能跟你继续发展的人。

以上整个流程是建立在我们了解自己的择偶标准之上的，网站的调查问卷只是强化了这一点而已，它们会先问清楚我们的理想对象是什么样的，然后依据标准锁定约会对象。当我们开始启动这项流程时，内心有一股蠢蠢欲动的情感在翻腾——同城的上千个人都在我的掌控之中啊！这种感觉迅速沦为一场剔除游戏，我们避免了各种风险和神秘感，伴随着鼠标的点击，逐渐向同龄、同种族、同地域、同收入、同宗教的约会对象靠拢。

我们甚至可以根据某种特定的因素，直接登录特定的网站来替自己“萌前除莠”。例如，根据职业（农夫交友网），根据魅力水平（靓仔交友网），根据宗教（犹太交友社区），或根据年龄（大四学生交友社区），可以降低你与以下几种人意外发生关系的风险系数：律师、长相不佳的人、圣公会教徒，以及太年轻以至于无法跟你一起在下午 4 点半去休闲日式自助餐厅共进晚餐的人。不过，没有什么可以阻挡我们的脚步，因为我们拒绝的不是现实生活中的人，而仅仅是不合适的一类人罢了。

现实生活中有的人用几句花言巧语可能就赢得了我们的好感，但是特定的某类人无论怎么努力也不可能得到我们的芳心。当我们将注意力集中在某一类人的时候，寻爱的过程就不再是充满无限可能的旅途，而是精确计算过的概率处理。比起爱情追梦人，参与其中的人更像是一位阴谋家。

我们不喜欢烟民，所以再见吧老烟枪；与不同宗教背景的人在一起似乎很奇怪，所以还是坚持自己的信仰吧；至于政治倾向，为什么人要冒着一辈子被困在游击战场的风险？还是选择我们身边的那个人吧；跟距离自己近百公里之外的人谈情说爱是没有意义的，不是因为现在汽油价格太贵啦，所以请不要超出规定的半径范围好吗？

——你介意比你大10岁的人吗？

不介意。

——在家里养狗呢？

呃，还行吧。

——有孩子呢？

还是算了。

一轮轮淘汰过后，事情就会发展到这步田地。这不禁让我们开始怀疑：那些不符合我喜好的匿名用户是什么样的人呢？如果我的灵魂伴侣恰好就在他们之中呢？我任性随意的择偶条件是不是把他排除在外了？

说谎的真相

我想试试看凯西和我能否通过这样的方式搜寻到彼此，所以我们在两个当下特别流行的婚恋网站上注册了会员。当然，这一切只是为了研究。好吧，在我的立场上这仅仅是为了调查研究，而在凯西的立场上，我开始有所怀疑了。当被问到单身原因和当前感情状态时，我说我离婚了；而她却说她丧偶多年，渴望探索新的爱情机会。在其他问题的回答上我们俩都开诚布公，不过我们没有上传照片，这点让我们俩感到充满了密谋感，因为我们收到很多请求我们发送近照的邮件，而且这些邮件还循循善诱道，如果不知道长相，就不能充分掌握我们提供的配对资料。

不幸的是，那些定期堆满我们收件箱的、来自合适恋爱对象的邮件里并没有凯西和我发给彼此的邮件。不管我点击多少次“刷新”按钮，屏幕滚动多少次，多么热切地查看我的邮箱，凯西也从未被作为合适的对象推荐给我，我也没有被推荐给她。很显然，她把自己对另一半的预期收入设定在比我能提供的数额要高得多的程度上。因此，她就像一只扑火的飞蛾，立即被一位“更合适”的对象吸引了——男，狮子座，离异，货币市场经理，月薪是我的三倍（鉴于狮子座的特性，我怀疑他月薪只有我的两倍，但这也许只是我的怀疑）。

收入方面的不协调，难道就是凯西和我没有被推荐给对方的原因吗？还是因为她声称自己丧偶多年，所以计算机以为我死了？毕竟，一个死人是根本没有工资的，单凭这一点，根据计算机的算法程序，我对她来说是一个不合适的选择对象。

也许在一开始被问及收入的时候，我就应该把数目往上提一提。至少用我一年中的最高收入来代替我的平均工资。每个人都了解，撒谎在网络交友界已经习以为常，特别是当涉及年龄、体重、身高和收入这类十分重要的项目时。虽然有些人可能会抱怨说，这种普遍性的撒谎不是件好事，更别提什么人性的肤浅了（你在网络中想建立一段基于信任的稳定关系几乎是不可能的），但我不得不承认，从长远来看，撒谎的确很重要。

许多精明的网络交友者认为，低级的谎言就像体育比赛中的兴奋剂：竞争无处不在，如果你不这样做，就别指望能完成整个比赛。老实说，当你在体育比赛中注射了兴奋剂，你可能会超水平发挥。如果你在网上交友的个人简介中填写了比自己实际情况轻 10 千克的体重或者小 8 岁的年龄，但现实中你仍然是又老又丑。此时撒谎又有什么意义呢？

尽管交友网站上的谎言是为了搪塞对方，但是每一句听起来都那么真实可信，以至于许多相亲者受此迷惑而丧失了理智判断。所以，危险就在于，如果你说了真话，人们会重新校准对你的认识，从而对你产生不满情绪，甚至把你臆想成一个比你真实情况更老、更胖、更矮、更穷酸的人。因此，从这一点出发可以得到一个推论：撒谎虽然扭曲了现实，但是可以帮助你保持自身的竞争力。

OKCupid.com 是当下最流行的免费交友网站，它甚至会确切地告诉你应该如何调整自己的资料。例如，如果男性拥有较高的身高以及收入，就会更加性感和具有吸引力。因此，男性往往会在自己原有的身高上再加 5 厘米（除非他已经超过 1.8 米了）或者使收入提高 20%。不过，最好不要在这个问题上太过分，如果你严重歪曲了自己的实际情况，就会有更老练的在线相亲者毫不犹豫地质疑你。即使有些相亲者对在线交友已经感到无比腻烦，而且不论过去已经失败了多少次，他们依然相信网络可以让两个人之间产生化学反应。他们在公园的长椅上，或在餐厅里偷偷观察潜在的约会对象，心里想着：这个人可能有戏。那么，当对方的外貌看起来跟广告上的不太一样时，他们的脑海里又会闪过什么样的念头呢？

他们会想："我曾经也是长那样儿的。"

在现实世界中，人们不齿于仅依据容貌和年龄来给一个人下定论，他们会用别的方法来处理内心的失望，或至少委婉地将自己的想法表达出来。然而，网络世界里并不总是这样，甚至在你小心翼翼地说"你好"之前，网恋老手们会直截了当地说"我们不可能的，你都已经 32 岁了"，或是"你把你个人简介上的照片删掉多久了"。即使他们没这么说，也会摆出很明显的姿态来表示自己不想与你多说一个字。

如果真的发生了这种情况，继续热脸贴冷屁股就真的没什么意义了，而且也不必感到自己被羞辱了。在个人简介上矫枉过正、自作聪明，只会表现出个人的脆弱性和恐惧感，以及这段经历让你感觉多不舒服。几年前，“现代爱情”的一位专栏作家写了这样的几句话来描述自己中年时期的约会生活：“如果能做到百分百开诚布公，那么我们应当这样描述自己，‘我已身心俱疲，有人愿意再给我一次机会吗？’”

有趣的是，她在个人简介上绝口不提自己曾加入爱尔兰共和军，也没有提到自己曾离过两次婚。这是一个很好的相亲路线，介于承认黑历史与自我摧毁之间。

毕竟，我们是为了达成自己的目的，而不是吓唬别人。而且，网络交友跟双方见面不一样，后者可以通过外表、反应、声音，甚至气味和动作来吸引对方的注意，而对于前者，你只能掌控两件事——文字和图像。这两点决定了一切。不管公平与否，草率的短信或糟糕的照片很可能会在一切开始之前就摧毁一切。我见过很多女性，仅仅是因为一个男人——这个男人还不愿意见面——不会说话，或者说话风格跟自己不在一个节奏上，就完全没办法继续深入了解了。女人们总是被男人不合理利用时间、不秒回信息、短信篇幅太短的习惯深深困扰着，最终她会以一句调笑结束他们之间短暂的暧昧：“你跟我说话时总是很敷衍。”

男人一般会愣头愣脑地回答说：“啥？”

图片总是比语言更具说服力，在这一点上，OkCupid.com 为女性考虑得很周到，撅着嘴、抬头向上的姿势能收到更多男性回应；男性不应该刻意解开自己的衬衫，除非你拥有良好的肌肉线条——好吧，即使你的肌肉线条很完美，最好还是跳过这一步。跟自己可爱的宠物一起自拍是再好不过的了，这表明你有良好的责任感。

令人惊讶的是，另一个表明你有良好责任感的例子是：离过婚，至少有些人是这样认为的。一位女士曾解释说，当她浏览交友者们的个人简介时，离过婚是一个加分项——尽管带着满满的同情，因为她觉得这个男人表现出了乐于开始另一段婚姻的意愿。不过，离婚也会导致问题的出现，特别是当你和你的前任在同一个约会网站不期而遇时。

我来解释一下究竟是什么情况好了。距离你离婚已经过去了几个月，甚至几年，你终于独自一人前行了足够远的距离，时间抚平了你心灵的创伤，你思考着重新开始一次约会。但你已不再年轻，而且你大部分的社交圈都充斥着情侣与夫妻，在足球场外看球或到学校聚餐，这种生活使你几乎不可能接触到新人。你不想让自己背负着这把年纪还在网上交友而产生的羞耻感，但除了这个方法之外似乎也没别的可行之道了。

你默默忍受了这种感觉，并注册了网站账号。不得不承认，当获得第一位配对成功的约会对象时，你的内心充满了刺激感。这是你这些年来第一次开始爱情生活啊，所以你确实会感到无比兴奋。也许你可以重新开始；也许有人处在与你同样的生活境遇之下，也许同样是一位离过婚的单亲家长，有着跟你同样的悲喜。

当你满怀希望，滚动着网页查看推荐的人选时，结果表明确实有这样一个悲喜着你的悲喜的人，那就是你的前任。

当你偶然在网上遇到那张熟悉的面孔，看到屏幕上印出的似曾相识的名字时，你不知道自己究竟该笑，该哭，还是该把这个人扔到一边。在某个层面上，你们被再次安排在一起是有意义的——你们仍然是从前的你们，只是老了，也更伤感了。但在另一个层面上，这种相遇有点儿可怕。你感觉自己正在经历“卖家根据顾客的购买记录向顾客推荐可能感兴趣的……”的翻版，他们在顾客耳边叽叽喳喳“既然你买过 X，那你应该也喜欢 Y”，但却从不管任何后续的顾客体验，来了解 X 产品到底怎么样，以及顾客是否会再次购买。你曾经买过 X，但你真的有兴趣再嚼一遍吃过的馒头吗？

在不太可怕的那层意义上，至少电脑确认你一开始与 X 结婚时不是因为疯了。Chemistry.com（化学反应）这个网站会帮助确认你们之间是否还有感觉。或者在你们俩让实验室爆炸之前确认曾经有过感觉。

搜索吾爱

尽管人们对网上约会的局限性和缺点疑虑重重，但这实际上只是游戏开始前的开场白。网络交友给了我们到酒吧喝酒、去海边咖啡厅聊天的机会，在那之后要不要继续发展关系则是另一回事儿了，也许最肤浅的身体冲动会驱使我们继续这个游戏。根据身高或职业搜寻另一半，会显得比较具有针对性。不管一段恋情是不是从网络交友开始的，这都是爱情的行走轨迹——由浅入深。由此可见，浅薄的开始不一定产生更多浅薄的行为。这意味着就算你真的以一个荒唐浅薄的理由开始一段罗曼史，也不一定会得到惩罚性的后果。

让我们来看看蒂凡尼的故事。在空乘行业的一次兼并裁员过程中，蒂凡尼失去了空姐的工作。虽然她很享受借着工作机会旅行的福利，但她不敢确定，如果有机会她是否愿意重返工作岗位？她见过太多的空姐穿着已经拉丝的长筒袜冲到麦当劳吃午饭——这绝不是她梦想的工作。但蒂凡尼忍不住想：她能不能找一个商业飞行员，坠入爱河，然后沾沾他的工作福利呢？她不得不把重点放在网络搜索上。为什么不把重点放在她那伟大的愿望上呢？

她决心试试看。很快她就锁定了许多飞行员，虽然那些“飞行员”并不都像她原先预期的那样。首先她必须整理出哪些人是参与“电视节目试镜”工作的，哪些人是寻找飞机副驾驶工作的电脑编程人员。在她扩大了搜索范围之后，终于找到了一个真正的飞行员，但在聊天中对方却说他正在考虑跳槽到一个越境运输公司，在飞行边界执行现场巡视任务。这段关系到此就结束了。

当她把搜索范围扩大到全球时，一个自称“海军之鲨”的飞行员引起了蒂凡尼的注意。目前他仍在军队，但计划一年内退伍，从事商用喷气飞机的驾驶工作。经过了几个月的邮件交流，双方也见了面，但是两人之间并没有擦出火花，于是这段关系也不了了之。后来她又约会了两个海军飞行员，感觉都不对，于是蒂凡尼放弃了，并注销了网站账号。后来，蒂凡尼的一个朋友，一个同样在网上寻求真爱的前空姐，听说了蒂凡尼的择偶条件，告诉蒂凡尼她曾遇到过一位空军飞行员。那么，此时他们俩应该开始联络吗?

蒂凡尼打算碰碰运气。她写信给飞行员，并发送了电子邮件，双方都很享受通信的过程。但他仍需服至少 10 年的空军兵役，而且他计划退役后仍从事空军的工作。除此之外还有一件事：他驻扎在阿拉伯联合酋长国。

这些都不重要了。一开始两个人通过邮件交流，当飞行员回国的时候两人见面了，再后来，他们双双坠入了爱河。唉！即使他将来要离开军队，他也从未想过当一个商业飞行员。所以，蒂凡尼也改变了原先的做法，她曾说过做地勤人员是一项自己永远不会从事的底层工作，但很快她就在全国范围内飞来飞去了。

蒂凡尼目前的工作条件甚至比她想象的还要糟糕：穿着长筒袜在麦当劳吃饭已经习以为常了。但有什么关系呢？她找到了今生挚爱。对于她来说，完全超出计划的搜索工作竟然奏效了。正如蒂凡尼希望的那样，她和男友顺利结婚了。只是蒂凡尼没能得到飞行员的旅行福利，恰恰相反，飞行员先生得到了蒂凡尼的福利。

多留意身边的美景

尽管网上交友有很多缺点，但有目共睹的是它的确成功促成了不少对夫妻的结合（如果你像网站一样，把“成功”定义为找到合适的人选，并以结婚为结果）。而成功并不局限于客户。作为一个商业体，在线约会网站积累了大量宝贵的数据，他们希望通过这些数据来使运作过程更加顺利，网站更受欢迎，同时更有利可图。毕竟，每一个人的约会经历，无论是失败、成功，还是不了了之，都会留下一串反映人类行为、偏好、谎言和冲动的数据。商人和分析师对这些数据进行研究与筛选，他们都渴望更好地了解什么样的相亲方法高效可行，以及为什么可行，而且他们更希望从这些知识中谋取利益。

不管网络如何，未来约会方式的变化似乎对我们或多或少都有些影响。每一天，在选择每一个约会对象时，数百万人会根据机遇来计算结果，根据空闲时间来计算是否高效，根据个性来将人进行分类。通过肢体语言、面部表情，以及不打草稿的情话为电脑另一端的人描摹出静态的轮廓。在我看来，更紧迫的问题不是我们如何改变网上约会的方式，而是网上交友究竟如何改变了我们？这种方式是否限制了我们的选择，而不是将其扩展？毕竟，尽管在很多方面我和凯西是如此天造地设，但无论怎么尝试我们都没有被作为约会对象推荐给对方。

当我们强化了交友的重点——网上交友网站促使我们这样做，我们往往会失去留意身边美景的能力。我们想在爱情生活和爱情使命感上获得一种强烈的掌控感，但这会付出怎样的代价？当我们根据相亲对象的个性、照片、个人简介缩小了暧昧对象的范围，我们是不是在冒着低估爱情复杂性的风险自欺欺人？我们如何相遇并不重要，遇到谁才是最关键的，而这一点恰恰是由搜寻爱情的方式来决定的。

例如，索菲亚和她的丈夫永远不可能在交友网站上遇到对方。作为一位生活在伯克利的和平活动家，索菲亚曾多次因为政治抗议而被捕入狱。索菲亚用尽各种方式反战、反当权派、反总统。她曾非法闯入一个海军基地，并且在舰队口号牌上喷漆抗议。她过着“要炸弹不要面包”的日子。那么她最终是怎么爱上一个大都会的警官的？他还是前特警队成员和陆军预备役上校，订阅了关于创伤弹道学的杂志，不喜欢有胡子的人。

说来话长，索菲亚的表哥和这位警官在学校是朋友，表哥认为她可能会喜欢这位警官。令索菲亚困惑和不安的是，她确实非常喜欢这位警官，她喜欢他看问题的方式和做事的态度，他的幽默感，还有他对她无微不至的关怀。很快，索菲亚手足无措地发现自己爱上了他，尽管他们身上充满了矛盾点。他们经历了漫长而痛苦的三年分手期，索菲亚苦苦悲吟着为何命运忍心让他们错过彼此。警官先生也会握着她的手，耐心听她倾诉。然后他说，索菲亚说得没错，他们在任何方面都是不同的，但是无论如何他都是深深爱着她，这也没错。他们是那么深爱彼此，所以索菲亚留了下来，因为她不舍得让自己离开。

不久他们结婚了，曾经站在对立面生活的两个人无比和谐地融合在一起。“9·11”事件后，他所在的后备部队被征调，而索菲亚也从“甘地女孩”（她是这样说的）摇身一变成了军嫂。

随着时间的推移，索菲亚慢慢开始理解和同情军队生活，而警官先生则会跟她一起讨论学习报纸上“自由”专栏的文章以及《纽约客》里面的内容。他们磨去了身上原本尖硬的棱角，是爱情启蒙他们去了解自己原本知之甚少的领域。现在呢？结婚多年以来，警官先生从事过警务工作，后来被派去军事布防，再后来又从事了文职工作。他们经常跨州搬家，俩人生了一个儿子，领养了一个女儿，依旧深爱着对方。

就像海拉和拉里，他们在大学图书馆相遇。假如海拉列出约会对象的限制项，并把不符合条件的人选都剔除掉，吸烟绝对在这张表上排名第一；又假如她进行网上交友，那么她决不允许自己选择的对象中掺入一位吸烟者。

在大学图书馆内，人们是禁止吸烟的，这也是为什么海拉会在图书馆认识了拉里。直到海拉投入拉里怀抱的那一刻，她才发现俘获自己芳心的帅气法学生竟是一位吸烟者。后来某天，当拉里掏出一包万宝路的时候，海拉再也无法掩饰自己的震惊和沮丧。“你吸烟吗？”她用低沉的声音问道。

他向她保证会戒烟。

在两周内？还是一个月？

是的，可能一个月吧。

一年后，他们仍然在一起：海拉，拉里，以及拉里的香烟。朋友问她如何能爱上一位吸烟者，她想：你不能仅仅因为一个坏习惯就选择不爱一个人，对吗？不管怎样，吸烟只是一种瘾，不是一种习惯。拉里是一个多么可爱、多么讨人喜欢的瘾君子啊——出于对海拉的爱，拉里答应一定会戒烟。于是他们结婚了。最终，在经历多次失败的尝试后，拉里成功地戒了烟。

海拉需要做的不过是等待 17 年罢了。

第2讲

如果人们相信目前的感情
是冥冥中注定好了的，
他们会不断探索两人之间的
正能量蓄水池。

爱情是不是冥冥之中的注定

Exploring Life's Most Mystifying Subject
(with the Help of 50,000 Strangers)

莉兹最近正在跟鲍勃约会，鲍勃有点儿让人不可理喻：他不打算买车，而是准备以他的自行车作为交通工具。要知道，这可是在洛杉矶。没有车的生活对于鲍勃来说可能是健康又环保的选择，但它给两人的约会造成了障碍，特别是在以汽车为中心的洛杉矶，因为鲍勃不可能骑自行车带着莉兹去较远的地方约会。他要么在骑自行车允许的范围内与莉兹见面，要么只能靠莉兹开车带他出去。

莉兹喜欢鲍勃，但每当她思考他们之间是否能创造一个浪漫的未来时，她都会怀疑他故意无车的生活方式是不是一个不好的迹象。

一天晚上，莉兹开着自己那辆破旧的大众汽车去接鲍勃前往日落大道上一家喜剧俱乐部。莉兹本想去看电影，但鲍勃强烈要求去喜剧俱乐部。鲍勃非要去那里不可，却又无法开车带莉兹去，这让她感觉这又是另一个暗示他们之间不可能继续的征兆。

到达俱乐部的时候，他们站在入口前的人行横道上，加入了蜿蜒的排队队伍中。在等待的时候，他们听到后面传来一阵汽车发动机加速时的轰鸣声，他们转身时，刚好看到一辆巨大的20世纪70年代的汽车顺着路牙石翻滚着，直直地朝他们飞来。

莉兹赶忙冲到建筑物的墙角，当她在快速移动的人群中寻求庇护所时，她感到汽车在离自己很近的地方呼啸而过。在混乱中，她环顾四周，寻找鲍勃的身影。他在哪里？那个只穿着蓝色衬衫躺在日落大道中央的人是谁？今天鲍勃穿的是蓝色衬衫吗？那个躺在街上的人是鲍勃吗？

没错儿，是鲍勃。莉兹冲过去，发现他虽然神志清醒，身体也能动，但伤得很严重。医护人员赶到现场，将鲍勃抬上了救护车。后来，在医院的急救室，鲍勃告诉了莉兹他被汽车撞倒，翻上了引擎盖，后来汽车又钩住了他的裤子，把他拖到街上，最终只留下一个躺在地上没穿裤子的他。不过，幸运的是，在鲍勃被袭击之前他成功地把莉兹从车道上推了出去。

鲍勃那样做了吗？莉兹对此毫无记忆。她只记得自己从马路上拼命挤了出去，但是想要确定到底发生了什么太难了——一切都发生在瞬时之间。当然，不能排除是鲍勃推她出去的这一可能性。莉兹担心，如果他真那样做了，那这就代表着自己要一直与他约会了。如果你已经开始跟某个人约会，而他又冒着生命危险救了你的命，难道你们俩之间的关系不应该因此变得更稳固吗？

不过，莉兹不希望他们的关系变得稳固。她对二人是否合适进行了慎重思考，大部分迹象表明一切都向不好的方向发展。但这件事的力量强大到足以抵过所有不好的方向。

读完莉兹的故事，我们会立刻回应说，如果莉兹一直这样看待他们之间的关系，那么他们显然并不适合对方。如果你真的爱了，你就不会尝试通过抓住蛛丝马迹和权衡利弊来决定你们的爱情是否能走下去，就好像爱情仅仅是等待解出答案的数学等式一样；如果你真的爱了，你就不会常常考虑交通方式和娱乐偏好，也不会把它们作为衡量合不合适的标杆；如果你真的爱了，你就更不会把男朋友救了你一命看作是潜在的坏事。如果你真的爱了，你就会了解的！

是的，有些人会清楚地感觉到两人相爱了，而有些人却感觉不到。这些人会觉得自己与对方产生了某种感应，但是并不确定这种感应是否足以达到爱情的程度。他们性格中有相似的地方，有相同的兴趣爱好，也感到了彼此间充满了吸引和渴望，但同时也充满了怀疑和恐惧。他们担心的是，目前的一切还不够让他们承诺携手一生，或者携手到跟一生差不多长的地方。

当我们谈论"坠"入爱河时，就像谈论一个简单的过程，在这个过程中，我们找到合适的人选，与他一起跳下窗台，接下来任凭重力处置。但对许多人来说，爱情更多的是找个有可能合适的人，然后慢慢弄清楚你们两人在一起到底合不合适。总之，简短地说，爱情大致分为两种：一见钟情和日久生情。在爱情的耐久性方面，没有哪一种是注定比另一种更加前景广阔的。一对爱得轰轰烈烈、走到哪里都不愿意松开牵住对方的手的夫妻，有可能在结婚三五年后就将激情燃烧殆尽；而一对谨慎的夫妇，却可能在互相唠唠叨叨了很多年后依然幸福地生活在一起。这是因为第一对夫妻对爱情能否走下去太有把握了，而第二对没那么自信，所以他们在爱的过程中不断权衡，并寻求别人的帮助。

"你们怎么知道这就是爱？"第二对夫妻问已婚的朋友。

"我们就是知道。"他们回答道，这简直令人抓狂。

…

对于正陷入此类困境的配偶们来说，一些有关命中注定的小迹象可以在帮助二人重拾未来的信心方面发挥令人惊讶的作用。这些迹象可以是实际行为或某种选择，就像莉兹和鲍勃的故事中讲的那样。也可以是他们之间某种神奇的巧合，让两个人的关系变得像是冥冥中注定的一样。

以帕特里克和杰夫为例，他们在纽约同性恋中心举办的一次速配之夜相遇，他们都非常喜欢对方。而且，帕特里克认为，他们注定是要在一起。然而，他总被一个问题困扰着，那就是他认为，他和杰夫的相遇不够浪漫。这段相遇中掺杂了太多胸前别着号码牌、坐在金属折叠椅上四处乱瞄的陌生人。帕特里克总是希望能通过某些神奇的巧合找到自己的真爱，比如在大都会博物馆捡起一副被遗落的手套，然后把它还给那个在一瞬间偷走自己心的陌生人。

帕特里克的担心还有其他理由。首先，他喜欢柔和的东海岸，而杰夫却一直向往着西海岸的生活；其次，杰夫是犹太人，帕特里克曾和一位犹太人有过一段漫长曲折的情史，但这段情走到最后却让他几乎心碎；最后，杰夫承认自己属于“爱情逃避者”，这类人在感情步入困境时会选择逃离，而帕特里克说自己是“爱情死犟者”，这类人会想尽一切办法修补爱情。总之，他们对爱情的不甘心大于爱情本身。那么，一个逃避者和一个死犟者最终能成功吗？

帕特里克和杰夫相处得很好，但帕特里克对于自己的希望是否会落空一直心存质疑。他需要一个征兆，一个能证明两个人命中注定的征兆，一个能让两个人的相遇变得不平凡的征兆，一个能消除两个人的缘分起源于速配的征兆。在一次晚餐中，杰夫偶然提到他和他的家人曾经去过芝加哥，看望他母亲最好的朋友，一位名叫莫妮卡·莫里斯的女士。

莫妮卡·莫里斯？帕特里克的母亲也有过一个叫莫妮卡·莫里斯的好朋友，而且他的母亲经常提起莫妮卡——她说莫妮卡是对自己影响最大、最难忘的朋友之一。帕特里克还记得母亲和莫妮卡一起在塔霍湖滑雪的照片，莫妮卡还是母亲婚礼上的伴娘。那么，这两个莫妮卡会是同一个人吗？

不一定。第一，莫妮卡·莫里斯不是一个很特别的名字，肯定有很多人都叫跟这个差不多的名字。第二，杰夫的母亲是犹太人，她出生在中国，后来搬家去了日本，再后来去了以色列，最后才定居在纽约。然而帕特里克的母亲（7 年前去世了）是来自格拉斯哥的苏格兰长老会会员，生前一直住在旧金山。这两位母亲的生活几乎是零交集。

后来，杰夫邀请帕特里克去纽约长岛他母亲的家里一起过犹太新年，那天他们一起出门吃午饭，在饭桌上，杰夫的母亲像是暗示什么似的，开始讲述莫妮卡的故事。帕特里克说，真巧，他母亲最好的朋友也叫莫妮卡。杰夫的母亲很惊讶，但是立刻否认了她们是同一个人的可能性。再后来，她开始谈论她曾经去过旧金山拜访莫妮卡，当时莫妮卡还从事着空姐工作。

“妈，”杰夫脱口而出，“这就是暗示啊！帕特里克知道的莫妮卡也来自旧金山。我们这就打电话给她吧！”

杰夫的母亲打通了电话，帕特里克接了过来，他先作了自我介绍，然后提起他母亲的名字，并问莫妮卡是否知道她。

“我知道，”莫妮卡说，“她是我高中时最好的朋友。”

当莫妮卡在电话里给帕特里克讲述他母亲过去的故事时，帕特里克哭了。这些他从未听过的故事，仿佛把他带到了母亲在世的日子。帕特里克认为这个巧合就是指引他和杰夫相遇的遗落在大都会博物馆的手套。这就是他们命中的联系，他们注定相遇的标志。也许，就算没有这个信号，没有那段无聊的速配之夜的故事，他们也是注定要找到彼此并且相守一生的！

不过，后来他们没能相守。一个逃避者和一个死犟者在一起，帕特里克很快开始单方面地把爱情拉向他期望的方向，而杰夫则开始逃避，他们的故事就此结束了。然而，那段曾经的浪漫，依旧让帕特里克相信他和杰夫在一起是有原因的，通过莫妮卡·莫里斯和她母亲年少时期的故事，他与已逝多年的母亲之间建立起了情感联结。对于这份礼物，他将永远心存感激。

…

执着于寻找命中注定的迹象有时并不奏效，至少不像你原本期望的那样有用，但有时它可以在关键时刻起到推进作用。来看看娜塔莉的故事。23 岁以前，娜塔莉一直住在梅迪逊哈特市，它位于加拿大阿尔伯塔省，是阿尔伯塔省天然气田内 6 000 个小城市中的一个。梅迪逊哈特市一直以“天然气之城”而著称，还声称拥有世界上最高的印第安人圆顶帐篷，以及其他各种天然的、人造的旅游景点。

先不说这个小镇具有的吸引力和娜塔莉对小镇的了如指掌，她开始觉得自己在梅迪逊哈特度过的青年生活变得像一个狭窄的隧道。她和男朋友住在她上高中时住的房子里，而且她爱自己的男朋友，他会开反铲挖土机，两步舞跳得也很不错。然而，虽然她用尽全力珍惜目前的一切，毕竟自己可以和相爱的男友一起生活在这个小屋，享受着舒适的一切，两个人的未来似乎也很稳定；但始终有一股来自镇外的力量，吸引着她走出去看看。更糟的是，她担心她的男朋友计划在圣诞节那天向她求婚，结婚对他们来说几乎近在咫尺，这让她感觉自己真的陷入了困境。

还好他没有求婚，他只是送了娜塔莉一双高尔夫球鞋，一开始娜塔莉对于能得到这双鞋感到十分满足，后来她将它视为提醒自己一定要走出小镇的暗示。所以不久之后，尽管娜塔莉害怕独自一人离开梅迪逊哈特和男朋友，她还是鼓起勇气告诉了他自己的决定。她将男朋友的抗议和自己内心的恐惧抛到了一边，离开了梅迪逊哈特。她先去了卡尔加里周边的大城市，在那里她挣扎了几个月，然后踏上了真正的全球冒险之旅，去泰国曼谷找了一份教英语的工作。

曾经有一段时间娜塔莉很孤独，她很想家，但她内心深处清楚地明白离开梅迪逊哈特是正确的选择。在泰国过了几个月，她只交到了一个真正意义上的朋友，那个朋友是她所在学校的办公室秘书。娜塔莉渴望在异国他乡找到真爱，但又不知道怎么找，所以她在泰国一个专门为海外友人设计的交友网站上注册了账号（在娜塔莉看来，那些人根本算不上“海外友人”，而只是“性爱伴侣”)。但她仍然没能如愿，那个网站上的所有西方男人都只想找个当地的泰国女孩作为自己的一夜情对象，而绝不会跟一个加拿大女孩保持联系，几乎没有一个人对娜塔莉作出回应。直到几个月后，当一个网名叫“勃艮第”的加拿大男孩在网站上联系娜塔莉的时候，不管结果如何，他们俩立刻通过电子邮件热火朝天聊了起来。

“勃艮第”的真名是诺埃尔。在他们互发邮件的过程中，娜塔莉一直在心里大声呼唤诺埃尔这三个字，她爱上了这个名字。他们在网上聊得如此顺利，以至于娜塔莉对他们俩的前景感到无比乐观。她内心十分想和诺埃尔见面，并向他表示了这种想法。诺埃尔说他也想见她，但不能立刻就见，因为他马上要启程回家。

希望破灭了。娜塔利问他来自加拿大的什么地方。

“我在阿尔伯塔的一个小城镇长大，”他写道，“你可能从来没有听说过它。它叫梅迪逊哈特。”

正在喝咖啡的娜塔利狠狠地呛了一口。然后她又仔细地读了一遍诺埃尔的话。她知道，自己跨越了半个地球，忍受了长达几个月的孤独和自我怀疑，就是为了等待这一刻。这就是自己一直等待的命中注定，这一定是冥冥中注定好了的迹象。

就这样，两年后，娜塔莉和诺埃尔结婚了。他们搬到了不列颠哥伦比亚省的某座山上，直到今天仍然住在那里。

命运效应

据在这一领域进行研究的专家们称，很显然我们中的大多数人十分相信命运的力量。2011 年，美国玛丽斯特学院进行了一项民意调查，发现高达 73% 的美国人认为某处存在一个（或至少一个）注定与自己相遇的灵魂伴侣。然而，专家告诫人们在寻找灵魂伴侣的时候要谨慎，因为你很可能在潜意识里不断地“检查”自己选中的伴侣，以免自己因谬误而成为所谓的“灵魂伴侣”的受害者。

《今日心理学》杂志中一篇题为《为什么你不应该相信灵魂伴侣》的文章，指出这种毫无根据的空想主义是很危险的。因为这会让你在搜寻灵魂伴侣的过程中认为你与对方之间的一切都应该是无比自然、无比合拍的；如果你在这个过程中感觉到一丝不自然，不合拍，如果你们俩在这个过程中产生了分歧，遇上了难题，那么你可能会一时冲动得出“这个人不是我的灵魂伴侣”的结论，然后决定分手。你逃避了这一切，而不是付出努力来修补一切。

是的，这无疑是爱情达人们所关注的。带着傻乎乎的期望开始一段纯真无邪的恋爱是不可取的，那终将招致厄运。一旦你开始认真经营一段感情，相信命运的力量也可能会给你带来伤害，但许多人认为，这样的信念可以帮助他们让原本坚固的爱情变得更加坚不可摧，尤其是在你步入了婚姻的战壕，已经完全了解了爱情的坚毅不拔与日益加深后。

爱情专家将这种现象称为“命运效应”——如果人们相信目前这段感情是冥冥之中注定好了的，他们就会不断探索两人之间的正能量储蓄池。至少，我认为到目前为止爱情专家们会这样命名，这样解释有点儿太呆板了，不是吗？唉，当我在谷歌搜索页面输入“命运效应”时，搜索出来的词条显示这是一个纸牌魔术的名字，还是一个青年基督徒小组的名字。另外，科罗拉多郊区一个车库乐队也叫这个名字。可以说，在这个方面我似乎是个孤立无援的人。因此，如果你选择跟随我相信命运的力量，那么你必须了解一点：你所做的一切都将是没有得到科学界广泛支持的。

我很清楚，无论“命运效应”这个说法是否得到美国专利局的认证，或者是否被食品药品监督局批准使用，很多人还是想从这种神奇的镇痛软膏中获得慰藉，尤其是当疑心和分歧开始撕扯我们和另一半的爱情时。精神需求与肉体需求都是寻爱的理由，但如果可以，我们还是希望两性之间的关系更多的是受恋爱技巧支配的，而不是受控于差强人意的智商和强烈的动物本能。

只要我们拥有足够多的时间，等待命运之手指引我们去爱便是一件很简单的事情。毕竟，没有什么事比成为一个宿命论者更顺应天意的了。你的整个生活都顺着上帝的旨意很自然地进行着，每天与潜在恋人碰面几乎成了例行程序，直到一个神奇的瞬间你发现自己身边站着的那个就是今生挚爱。像帕特里克一样，宿命论者真正需要的是和“在大都会博物馆捡起那双命运的手套”一样的巧合，这些幸福的遭遇与邂逅会暗示他们，他们应该与谁在一起。

命运也许是飞往底特律的班机的最后一个座位，让人们与未来的配偶并肩坐在一起；命运也许是当人们在地铁上丢了手机，打电话给这个号码看手机是否被人捡到，一句“你好”就可能让电话两头的人在几年后推着婴儿车走在一起。

不过，相信命运的缺点在于，如果命运的周期很短，你就不能再加快它的速度了。你不可能为了寻爱而购买额外的机票，或者故意在地铁上留下手机，如果你真的这样做，你就不再是一位宿命论者，而是推着宿命走的人了，对吗？所以，如果你打心底相信命运，同时又想催化这段神奇的过程，你能做些什么呢？是否有办法快速又准确地找到今生挚爱呢？是否能在最后期限到来以前遇到注定的那个他 / 她呢？

是的，有办法。这种办法有用吗？有时确实有用。

你是不是不正常

对于“你为什么那么急着寻找爱情”这个问题，人们有各种各样的回答：“时刻走针的生物钟在催促着我。”“我感觉自己有一天会老得头发都掉光了，或以别的方式丧失我的青春光彩。”“其他人都在做这件事，我不做的话会有压力。”有时候，仅仅是为了找个人一起分享房子或宠物的欲望。从一些典型的焦虑单身派发给我的故事来看，这些故事通常都发生在20岁末30岁初。绝大多数单身者既没有自闭症又没有恐旷症，也没有生理或社交能力上的缺陷，而且还有过性史。他们不是住在地下室或逼仄的洞穴里，靠着猫粮与伏特加度日的人。他们不比其他人更痴迷于婚姻（相反的，比起其他人来说，他们迈入婚姻的欲望往往更弱，这就是为什么他们总是找不到一段正确的关系）。尽管市面上大部分的寻爱文学驱使着他们寻爱，但他们可能认为不需要“检修”自己。如果他们是内向的人，他们不会让自己变得外向，跟着别人对不好笑的哗众取宠的笑话勉强摆出笑脸，或遵循一些违背自己本心的矫揉造作的约会规则。

我听过一个30多岁单身女人的故事，她在经历了一次失败的恋爱后已经有好多年没有接触过新的男人了。她迫切需要一个新的约会对象来填补自己的爱情空窗期。有一次，当她找了一个新的约会对象时，那个男人很不礼貌地——出于好奇而不是理性判断，表达了自己的想法：“你这个人是不是有毛病？”

她真的没什么不正常的地方。更准确地说，她正常得不能再正常了。她不知道自己究竟哪里不对劲，但她相信自己终有一天能找到真爱，只是目前为止还没碰上罢了。这个女人身上的“毛病”不是重点，几乎所有认为自己无用的绝望之人都会遇上这样的情况。他们仅仅是没遇到对的人，甚至有的人一生都遇不上，这绝不代表他们比那些已经找到爱情的人不正常。

这些单身人士跟大多数他们的朋友和同龄人一样，在他们感觉有必要加快自己的寻爱速度之前，可能已经在过去10到15年的时间里经历过几段曲折的爱情故事。他们心碎过，也伤过别人的心，他们过去的几段罗曼史，不管是不是柏拉图式的，也不管是否充满欢乐，是否让人感到舒服，或者仅仅是自己的一厢情愿，也可能三者兼具，最终都无疾而终。与此同时，他们这个年龄段的“听音乐抢椅子游戏速配版”戛然而止，他们措手不及，以至于只剩下他们找不到合适的椅子。

面对这种情况，他们感到无比困惑和沮丧。他们总以为爱情会自然而然降临，就像之前的罗曼史一样。现在他们困在了自己即将打光棍的前景里，不得不主动出击，通过一些浪费时间和金钱的电脑系统获得一份不那么自然的爱情，同时还需要一个用户名（例如：孤独的简 2346）和一个密码（例如：求求你了我的上帝），还要根据网站要求回答一些令人不舒服的问题，完成一份简单的性格分析，有些问题听上去好像还有侵犯隐私的嫌疑：“你希望另一半的体毛风格是怎样的？自然的？修剪整齐的？完全除净的？你不在乎？”

面对这样的电子审讯，单身人士们内心充满了惆怅，情不自禁地想起了过去的情人 X，如果时机对，情人 X 很可能就是自己的完美情人——完美到让单身者们思考自己在那段感情里是不是太贪心、太苛刻了。情人 X 最近与另一个人喜结良缘，他 / 她的生活已经步入正轨，再也没有自己的席位。对于这个错失了的机会，单身者们并不嫉妒（毕竟在一开始自己是有机会的），而只剩下满腔的自我怨恨。在他们的脑海里，一直回响着一种斥责他们身心的声音：这就是你为自己的贪心所付出的代价！过去他们有足够多的时间，总以为爱情就该有爱情的样子，如果体会不到轰轰烈烈的感觉，他们绝不会坚持到底、牢牢抓住现任。“我以前怎么那么傻？”单身者们想。

事实上，就在一两年前，他和情人 X 有一个结婚的大好时机。如果能回到过去，他们之间的感情应该是被所有人看好的，而且时间也恰恰合适，因为他们再也不会认为自己将在下一个 10 到 15 年遇到更合适的人。奇怪的是，也许从一开始他们的选择就受到了各种制约——种族歧视、法律规定、自身实际情况、地理因素、宗教习俗和家庭干预，缩小了他们自主选择配偶的范围。跨种族婚姻在美国的某些州是非法的，但也有不少人凑凑合合结婚了。甚至，根据某些州的法律，如果你爱上了一个患有肺结核的人，或者其他被官方认定是“意志薄弱者”的人，那你就趁早结束这段关系吧，这是违法的。如果你想保持一个良好公民的身份，就请从被批准结婚的人的名单里仔细挑选配偶。

尽管法律和偏见依旧在限制我们自由选择配偶的权利——反对同性婚姻就是个明显的例子，其他的障壁已然倒塌，而且我们正在朝着同性婚姻合法化的道路上行进。总之，我们正在加速向自由选择与谁结婚的那一刻移动着，只要两个成年人互相同意，他们就能携手迈入婚姻的殿堂。

这增加了我们选择的自由，但同时也带来了沉重的一面。何时何地选择何人作为伴侣完全取决于我们自己，是否能凭借个人努力挑出“百分百男孩 / 女孩”，这让我们感觉到前所未有的压力。而且每当我们做出一个选择后，我们都会在以后的日子里愈发感到失望——至少在跟伴侣发生冲突、感情充满压力时我们会有这样的感觉——回头看看被我们舍弃掉的选项吧。当然，最让人苦恼的是，在我们醒悟过来之前，（回想过去的时光）就有可能已经错过了自己今生的挚爱，只是因为过去我们还不够成熟，也没有做好充分的准备去了解爱情是什么。现在想回头已经太晚了。我读过很多痛苦的、困惑的人写来的信，信里说，自己曾经与之分手的人是多么爱自己，自己现在已幡然醒悟，发现内心其实也深爱着他 / 她，只是当时不能肯定两人是否合适。他们想知道如果自己现在回头，一切能不能回到过去。

问题的另一部分在于，比起过去，人们给出承诺的动机，或者说，结婚的动机越来越弱，在这一点上女性更甚。在许多情况下，女人们觉得她们可以自给自足，而且她们在结婚这件事情上开始学会动脑筋、长心眼，她们必须努力说服自己结婚可以使她们获得最高利益。结婚可以获得两份经济收入，用两份收入来提升一个家庭的生活水平显然比用一份收入要容易得多。不过如果没有特殊情况，其余的问题完全可以靠自己解决：在生理方面，女人甚至可以不需要男人就能造出下一代，她们可以借助精子库、人工授精、代孕等方式繁衍后代（前提是需要建立健康档案）。

婚姻不再是为了生育和经济需求，也不再仅仅是需要一个人帮助自己打理农场，在另一半可以为我们带来什么样的好处这一问题上，我们可以提出更高的要求，这些好处的最低标准就像杜蕾斯豪华梦想打出的广告那样：两情相悦，性趣相投，与你有相同的品味，散发着幽默感，拥有骄人的赚钱能力，会用发展的眼光看待为人父母和家务劳动。最重要的是，灵魂伴侣之间应当深深融为一体，双方在每个层面上都无比合拍。这感觉像一个不可能实现的最高标准。

命运的需求

那些相信命运的人往往会怀疑爱情正在商业化。无论他们是否尝试过网络交友，或参加过速配交友课程，他们依旧不相信速配系统的智能性与大容量。相反，他们更倾向于回到恋爱的原始形态，那时可供选择的范围很小，所有的爱情故事都发生在居住地周围。所以当他们加快自己的猎爱速度时，他们更乐于选择落伍的方法，比如用已经存在了几个世纪的算命法。

无论时间长短、够不够用，这些人都不愿意成为爱情的控制狂。他们想要的就是再找另一个人帮自己控制一切，告诉自己应该爱谁、去哪里找爱人、以什么样的方式打开自己的心扉。

下面我列出的所有方法几乎都是落伍且迷信的寻爱方法，爱情均按照指婚人的意思发展，而不是顺应了爱情双方的心愿。让我们先从最不切实际的方法讲起。

包办婚姻

如果想把自己的爱情全权交给别人，那么没有什么方法比包办婚姻更合适的了。在当今社会，这种古老的、家长式的婚姻在世界各地的某些文化中仍然盛行。当然这不是普遍情况，仅仅出现在某些特定的文化中。鉴于主流社会已经不再提倡这种包办婚姻的传统，我很惊讶地从许多失意的求爱者口中了解到他们十分渴望包办婚姻能够再次登上历史舞台。得不到的永远在骚动，或许这就是为什么包办婚姻对于现代人来说充满了诱惑。

包办婚姻诱人的地方在哪里？对于爱情初体验者们来说，它给人的期望值很低。毕竟当你不知道对方是什么样子时，很难一开始就将期望值提升到较高的水平，或者对那个未曾谋面的人根本就不抱有任何期望。相比之下，如今的西式婚姻往往讲究门当户对。在一桩包办婚姻圆满结束后，婚姻双方都认为自己终于找到了真爱，是时候开始享受上帝赐予的福分了。所以只要有一丝不满或不悦趁虚而入——这在婚姻中几乎是肯定会出现的，婚姻双方就会感到吃惊难过，并开始考虑自己是否做出了一个应当赶快纠正的错误决定。

…

一起来看一个印度青年弗拉哈德的故事。弗拉哈德对自己的爱情几乎持着无所谓的态度，他是一个软件开发商，而且经常到全国各地出差。弗拉哈德从不担心，因为他知道母亲会为自己挑选一个在宗教、社会地位和经济能力等各方面都配得上自己的新娘。有一天，当母亲问弗拉哈德对另一半有什么要求时，弗拉哈德吃了一惊，想不到自己竟然对这件事有发言权。弗拉哈德思考了一会儿，告诉母亲他只要求他的新娘是会说英语的大学毕业生。除此之外没有任何要求，他愉快地回答道“随便你选谁吧”。

根据这点，弗拉哈德的母亲已经在心里偷偷选定了当地的一个女孩。她最在意的是，弗拉哈德的新娘必须是同村的。鉴于他的工作可能会使他去国外生活（印度的软件产业才刚刚起步，无法满足弗拉哈德的需求），她不希望弗拉哈德每年短暂的返家时间被分成两部分，一部分在家度过，一部分去儿媳家所在的地方度过。她希望两人能回到同一个城市，这样就没必要在两地奔波中浪费时间。

因此，择偶标准如下：会说英语，大学毕业生，本地女孩。弗拉哈德的母亲心里已经有了符合所有标准的人选——萨米拉。就在那天下午，弗拉哈德和他的母亲趁热打铁，去萨米拉家里进行了一次临时的登门拜访，在这期间他们坐在一起边吃零食边聊天。一回家，弗拉哈德就告诉母亲他很同意这门婚事，还满口夸赞萨米拉是个可爱又自信的女孩儿。很显然，萨米拉也很喜欢弗拉哈德。

这都是 20 年前的事儿了，如今弗拉哈德和萨米拉已经生了两个儿子。结婚前，弗拉哈德和萨米拉总共就见过 45 分钟。而婚后，他们开始认真谈起了恋爱：外出看电影，去海边散步，吵吵闹闹又重归于好，做爱，坠入爱河。正如弗拉哈德解释的那样："包办婚姻的有趣之处就在于，你可以慢慢发现一个人的好，就像层层揭开一个谜团。"撇开包办婚姻的真实目的在于搞清楚"如何结婚，而不是是否需要结婚"不谈，从表面上看，发现一个人的好的乐趣其实还是恋爱的乐趣。

不容置疑的是，弗拉哈德的乐观深深影响了这桩婚姻。我听过的每个包办婚姻的故事几乎都遵循着相同的发展规律，讲述它们的人也有着几乎相同的谦卑音调。包办夫妇们开始经营他们的婚姻，希望随着时间的推移慢慢了解彼此，然后爱上彼此，总之是想方设法让婚姻继续下去。尽管听上去这几乎不可能实现，但大多数包办婚姻还是持续下来了。显然，这部分原因在于，婚姻不是从爱情的巅峰开始的，继而焦虑地、疑惑地看着婚姻一年年地恶化，最终变成恩义全无的痛苦折磨。相反，他们的婚姻一开始是一块白板，如果够幸运，他们会吃惊地看到他们的生活中充满了爱与温暖，在最不可能的领域中获得了蓬勃的发展。

当然，婚姻的发展轨迹不是在一开始就注定好了的，也不是一成不变的。大部分幼稚的包办新婚夫妇往往在刚结婚时对婚姻的自信心飙升到爆棚，他们认为两个人的爱情一定会慢慢演变发展，愈来愈深；与此同时，还有许多包办夫妇因为双方根本合不来而将婚姻的冰点降到了比底线更低的点上。然而，那些一开始对双方没什么感觉的夫妻往往却有着更大的爱情潜能，至少根据“买低，卖高”的市场长期投资魔咒来看是这样的。你可能会想，别那么轻率地将爱情等同于股票市场。但如果婚姻不是一项长期投资，那又是什么呢？所有的爱情都像是跳入未知的世界一样，主张包办婚姻的实践者也一样。

芮妮曾信奉某个宗教，并接受了教主的包办婚姻，随机嫁给了一个日本人。这段高尚化的婚姻的确支撑着芮妮和丈夫勉强在一起生活了 18 年，并且生下了三个孩子。故事的最后，不管付出多少努力维系一切，也不管对婚姻报了多大的期望，芮妮知道自己必须走出这段婚姻。可是她怎么能做这样的事呢？她怎么能打破当初的誓言呢？如果那样，她会永远受自私和内疚的困扰。

然而，在这段目的是造出和平象征的杰出后代的婚姻中，芮妮 12 岁的大女儿成了把芮妮从这个婚姻承诺中解救出来的关键人物。她说：“也许上帝把你和爸爸结合起来就是为了生出我们三个，现在就算你结束了这段婚姻也没什么。”

得到女儿的许可，她就像吃了一颗定心丸。芮妮最终还是离婚了，她找了一个新男友，开始了第二次全新的人生。

即使你无法想象自己嫁给了一个被随机选中的陌生人，我们仍可以从包办婚姻中汲取一些教训。我认为最重要的一课是，我们对待爱情与婚姻的态度要更加谦逊，对于未来一生触手可得的浪漫、男女之间神奇的火花和伟大的性，都充满希望地期待着的。我们以为这些东西是爱情的必需品，是婚姻成功的基础，是承载着一切美好事物的源泉，但我们很容易在火花四射与激情高涨的时候就迈入婚姻殿堂，然后又亲手打碎这场感情。正如我们若两手空空地迎接婚姻，那就会用心经营。

宗教的魔法

不是所有的宗教领袖在婚介业务方面都会挑选具有代表性的一对配偶，或是举办集体婚礼。有些宗教领袖的身份仅仅是非营利性的先知。如果你不信教呢？这不是问题。你不必因为宗教领袖的配对魔法而信教。

在艾米告诉我他的故事之前，我都不知道还有这样的事情出现。艾米已经 38 岁了，她是一位犹太人，没有宗教信仰，还是一位成功的作家、记者。38 岁的艾米不得不对自己、对别人坦诚相待，她承认自己早就已经到了谈婚论嫁的年龄，在一切还来得及之前，她想有个家。

艾米去以色列进行了一次沉淀人生的灵魂之旅，在那里她和她朋友的母亲进行了一次谈话。艾米朋友的母亲坚持要艾米去拜访卡巴拉拉比（当地的犹太玄学法师），她说这位法师曾预测了自己所有女儿的婚姻（也曾救过自己丈夫的生命，但那是另一个故事了）。

艾米觉得试试看也不会有什么损失，于是她去拜访了拉比。这次拜访在一开始并不顺利。拉比长着长而浓密的胡子，艾米几乎看不到他的嘴，而且他戴着一副太过厚重的眼镜，以至于使他原本就浑浊不堪的双眼变得更加模糊。这样一个男人怎么会知道什么是爱？尽管如此，艾米还是向拉比坦白说，自己想要一个丈夫，并且来找他寻求帮助。

拉比要求艾米支付 400 舍客勒（当时约合 100 美元，这笔钱将用于拉比的慈善事业），之后他可以为艾米的婚姻祈福，帮助艾米分析爱情情况并预测她究竟会在何时遇上自己的真命天子。

当时艾米身上没有 400 舍客勒。拉比坚持要她去 ATM 机取钱，他甚至准确地告诉她离她最近的 ATM 机在哪里。因为这一点，艾米觉得自己正掉入一个骗局，但她发现自己机械般地遵从了拉比的指示，而将自己的理性判断弃于不顾。

当艾米带着钱返回时，拉比将现金放入了密封塑胶袋，然后向她解释说，之所以她到目前为止还是单身，是因为被诅咒了，他要做的第一件事就是替她解除诅咒。解除了诅咒后，拉比告诉她，她很快会遇到一个在性事上取悦自己的男人，在她体内留下种子，甚至爱她超过爱他的母亲。

这听上去似乎很不错。可是她怎样才能遇到这个人呢？

在光明节那天，他说。

她在心里默念：天哪，只有 4 个月了！

"对，"他重复道，"就在光明节那天。"

艾米将信将疑，整件事情看起来就像一个骗局，但这位拉比是朋友的母亲引荐的啊。

回到纽约后，艾米一直怀疑着拉比的预测。不过，到了光明节那天她很警惕。她完全敞开了自己的心扉，仔细审视着那天遇到的每个男人。"是这个吗？还是那个？"光明节过去了，什么也没发生。她没见到哪个合适自己的人，或者任何有可能合适的人。然而一件奇怪的事情发生了：她意识到自己在整个光明节期间都敞开心扉迎接爱情。现在，她心碎了，但尽管带有怀疑和悲观，但她仍然积极地面对每个与自己见面的男人。

整整一年过去了，这一年既没有灵魂伴侣，也没有爱情。随着另一个光明节的来临，她脑海中闪过了一个念头：拉比并没有明确指出是哪个光明节，他只说了在光明节这天，所以或许他指的是这一次呢？

艾米赶忙抓住了这根救命稻草，她再一次对节日期间遇到的每个男人都敞开了心扉。艾米用赞许的目光看着每个男人，心想："他？还是他？"就在这次光明节派对上，当她正要离开（因为再次感觉孤独和绝望）时，有个艾米见过的但还没交谈过的家伙走出派对的黑暗灯光来到她面前，说："你要去哪儿？先别走。"

艾米留了下来。而现在，这个叫索罗门的男人，是她的丈夫。

难道这一切真的在拉比的预料之中吗？还是说是他的预测驱使着艾米主动收获这一切？艾米永远也搞不清楚。她也不在乎了。

心理学暗示（和其他算命方法）

假如你负担不起去以色列旅游的费用，也找不到一位又老又瘦、胡须蓬乱的宗教领袖给出让你脱离苦恼的爱情建议，那么你完全可以咨询心理学家（或塔罗牌解读师、占星家以及看手相的等）。如果我的建议让你不屑一顾，因为你认为自己不是那种将爱情交付给心理咨询师的人，那么你并不孤单，不仅是你，很多人都会这么想。在我的经历中，所有去心理学家那儿咨询爱情的人在一开始都认为自己绝不会去干这种事。

如果你真的去向爱情心理医生求助，那么这大概是你能想到的最后一根救命稻草了。你可能已经对爱情不抱有希望，甚至感到绝望。到了这样一个临界点的时候，你开始正式敞开心扉，准备接受新事物，结交新朋友，然后再次相信爱情。任何有经验的心理医生都知道这一点：来咨询的人就是一辆已经发动了的汽车，只等规定好前进方向。事实上，你要明白，求助于心理医生并不仅仅能让医生获得收益，更多的是为了你自己。

有了心理医生的帮助，你可能确实会在爱情方面成功一段时间。不过，如果你长期看我的专栏，你应该了解，在我看来，心理医生只是生产线上的触媒，是戏剧中的小配角，爱情还是掌握在你自己手中的。你表现得很听话，实际上你只是麻痹自己，相信自己很听话而已。这是一个智力游戏，但这项智力游戏确实有用。

为什么有用？有时我会产生这样的感觉，我们的爱情选项太多了，以至于将爱情拆成了太多份，很多人根本应付不过来。我们被过度分散精力，变得很焦虑，甚至整个结构都瘫痪了，根本无法向任何方向驶去。在日常的其他领域中，那些过于分心和焦虑的人往往会借助譬如利他林和安非他命等药物来帮助自己集中精神。

对这种几乎垮掉和彻底绝望的单身者而言，心理医生（或任何带来希望的算命先生）就像一剂利他林，可以帮助消失的爱人重新找回方向，重新出现在某个时间点，甚至告诉你那个人是什么样的。他们向单身者们传达了这样一种信息：现在，集中精力，睁开你的双眼，释放你的心灵，在时间帧 q 和 r 上定位 x、y 和 z 点，爱情将在这三点上降临。

在我们发表了关于拉比成功预测了艾米的爱情的故事后，艾米和我收到了铺天盖地的询问信件，人们都想知道那位拉比的姓名和联系方式。不单单是发表后的一天，也不单单是之后的几个星期或一两个月，多年来我们一直不停地收到此类问询信件。这是一位住在耶路撒冷的拉比，距离我们几乎有半个地球那么远。迫切需要注射一剂利他林的人们开始考虑自己要不要去以色列进行一段灵魂之旅，有的人甚至已经踏上了旅途，他们似乎对于用 400 舍客勒——或者其他东西都好——便能找到爱情这件事充满激情。这已经不是什么稀罕事了，每次只要我们发表一些关于心理学或者算命的故事，就会有人跟踪记录到底有多少次是预测成功的，然后查询那些算命人的联系方式。

作为算命法的天生怀疑者，我现在已经见识了足够多的例子以至于连我自己都开始相信它了。并不是因为其中包含着神秘魔力或者神通广大的心理学，而是因为这种方法让我们更加关注周遭的世界。考虑了各种情况后，雇用一个算命师应该可以算得上是比较划算的寻爱方法了。作为一个额外的奖励，你的后续故事还能编成一段“我们是如何相遇的”的精彩故事。

追溯冥冥中的爱情

从前，有个女人掰开了一个福饼，福条上写着“一个留着胡须的秃头男人会改变你的生活”。看那，后来她真的遇到了一个留着胡须的秃头男人，他也真的改变了她的生活。他向她求婚，后来两人有了两个儿子，一家人过着幸福美满的生活。就在不久前，他们还庆祝了结婚 50 周年纪念日。

一切都很圆满，除了一点，他们相遇的时候男人并不是秃头，脸上也没有胡须。那时他还是一头黑发，双颊剃的很干净的年轻人。实际上，20 年后女人才偶然发现了这张福条，而这时，男人已经变成了一个留着胡须的秃头男人。女人诧异于这张未卜先知的福条简直太灵了，虽然它在时间先后上一点儿都不准确。

如果这张福条在时间顺序上能再准确一点儿，应该是这样的：“一个留着胡须的秃头男人已经改变了你的生活。”这样的话福条就不再是未卜先知了，而是在陈述事实。

不管怎么样，这福条让女人十分感动，她把它珍藏了起来。尽管不是十分准确，但她还是认为这是她和丈夫几十年前注定结合的另一个证据。这就是我说的“可追溯的命运”。如果两个人的相遇在一开始并不具有传奇色彩，那我们可以在以后的日子里想方设法制造出一点儿传奇。

虽然这种情况大部分是人为的，但我保证命运的确在这对夫妻的结合中扮演了重要的角色。这位珍藏福条的女人就是我母亲，长着胡须的秃头男人是我父亲。如果他们不曾相遇，就不会有我，如果没有我，那你现在正在阅读的将是一本无字天书。

所以你明白了吗？这个故事的唯一重点就在于，我的父母亲相遇并且爱上了对方，后来生了我哥哥，再后来又生了我。

你肯定明白，这就是命运。

第3讲

只有当我们勇敢地
承认爱情存在的一切风险时，
我们才会大胆去爱。

爱情的脆弱性

Exploring Life's Most Mystifying Subject
(with the Help of 50,000 Strangers)

你终于找到了心仪的对象。你们的关系才刚刚起步，你还不想抱有太多期冀，但这段关系确实发展得很顺利。你们还没有发生肉体关系，也不真正了解对方，你如履薄冰一般，寻找着某些“预兆”，并且担心任何一个闪失都会让这段关系失去控制。

鉴于这段关系仍处于不稳定期，你认为何时坦白自己的某些缺陷比较合适？比如你有疱疹，或者酗酒，或者天生就只长了一个睾丸。正如一位男士在信里咨询我的那样。“独丸”先生似乎很纠结，他不知道究竟应该在什么时候将这个秘密告诉另一半，因为他不想在双方都不了解对方的时候就这样毫无预兆地脱口而出，对方会很尴尬吗？还是会表现得近乎受到惊吓？但他也不想等到自己和新欢裸着躺在被窝里时，真相才被她发现（咳咳）。

一位女士有这样一个硬性的规定：在第三次约会中承认自己是双性恋。她坚持自己的规定从不打破，但她每次这样做的时候内心都是极度害怕的。她觉得一位潜在的情人应当尽早知道自己身上重要的因素，而不是拖得很晚才知道。但是，她是不是把这件事弄得太大了？这真的很重要吗？人们听到这个真相时会作何反应？这种披露的困境，对于大多数人来说，似乎涉及寻找甜蜜点——他们的关系发展的完美时刻，此时他们相信他们的爱慕对象可以投入足够的关怀，如身心不那么投入，他/她就会有被骗的感觉（或甚至背叛）。

我知道我们中的大多数人并不会苦苦思索如何坦白自己是双性恋或者只有一个睾丸这种奇葩状况，但是我们每个人都有缺点和不安全感——可能是因为身体缺陷、感情创伤、离婚、淋病、癌症而造成的——我们试图在一开始就掩盖真相，或至少避免谈及这些问题。在我知道的事例中，化疗患者对摘下假发感到十分痛苦，而腿部有疾病的人则痛苦于掀开裤管。

我无法确定到底在什么时候坦白是合适的，也无法确定这会不会让一段关系变得脆弱，而且没有人能给出准确答案。我可以确信的是，我们每个人都知道，或应该知道，爱情本身就是脆弱的。爱情的脆弱性包括：软控制、揭露弱点、包容缺陷，以及接受爱情随时消失的可能。只有当我们勇敢承担这一风险时,我们才会大胆去爱。

然而，21 世纪的寻爱方法往往是要加紧控制、避免失误和粉饰自身的缺陷。在爱情前进的途中，我们都想牢牢坐在驾驶座上。然而，恰恰是那些人类利用高新技术开发出的避免缺陷的交友软件才让爱情变得如此令人不安。如果我们的爱情史已经发展到了这个地步，那还不如别爱了。

我们可能会对声称自己害怕作出承诺的人产生不满情绪，但考虑到他们性格中的优柔寡断，我们会努力说服自己他们没有针对性，他们对任何人都害怕作出承诺，而不只是对我们，以此减轻自身的痛苦。在过去，这种说法往往是针对单身汉的，他们无论如何都不愿意安顿下来。一个情感淡漠的人和谁都无法建立持久的关系，即使对方只是一只狗、一只猫、一只沙鼠。他们害怕任何长着跳动心脏的生物，因为这些生物有可能阻止他们整天滑旱冰或者通宵聚会狂欢，还试图通过一些让他们无法忍受的方式从身体和情感上将他们套牢。

当然，鉴于如今的女人有多种方法追求男人，也在各方面都超过了男人，她们也被列入了无情者的范围。在我接触的 5 万个陌生人中，我看到很多女性也不愿意作出承诺，而男性则是苦苦追求的那方，最终他们还是被抛弃了，但在那之前他们执着于每一片零星的希望，全然不顾自己热脸贴了冷屁股。

当你被拒之千里或因为所谓的“害怕承诺”而被无情抛弃时，你可能很想宣泄内心的不快，你会认为他 / 她很幼稚、自私、孤僻、冷漠、自恋和无可救药。然而，许多人仅仅是因为害怕。他们的目光聚焦在婚姻和生育的雷区，却没有看到另一边就是通往安全的道路。他们总想着一定有人会踏入自己的雷区，而当这种情况发生时，他们自己会有重大损失。现在他们宁可在路边等待，即使是朋友、同事、兄弟姐妹，都有可能从开阔的安全区踏入隐蔽的危险区。

无论是在路边等待还是向前踏入雷区，都是你自己的选择。在寻爱途中，你可以通过将自己封闭起来避免失去，但同时你也弄丢了爱情；你还可以通过保留脆弱让自己完全暴露在爱情的穹顶之下。当然，还有第三种方式，一个折中法，就是穿着盔甲走到雷区中间，向着风险与脆弱匍匐前进，同时试图保护自己最弱的身体侧面。

高傲一些：从扼要的短信到简短的通话

通信技术和前所未有的性自由环境使人们有无数理由在一段关系中表现得高傲。事实上，高高在上的态度在如今非常普遍，对高傲的一方来说，他们表面上让自己显得既真诚又楚楚可怜，以至于让我们感到恶心，浑身不自在，就像别人都穿着短裤和凉鞋时，有人非要穿得西装笔挺。

无数次听到有年轻女性被男人过于开放的和热烈的求爱方式吓

到。这种方式在过去应该被称作骑士精神——比如，在餐厅里，一位男士帮一位女士褪下身上的大衣，但现在看来这可能显得有些做作了。追求者的概念被渐渐淡化了，只有你明确承认喜欢的人才有资格这样做。

不得不说一下：我个人不建议在恋爱期间表现出高傲的一面，总之傲的时间不能太长。我在高中、大学时期就曾高冷了长达 10 年之久，甚至大学毕业后的一段时间还是显得很高冷。其实并不是因为高冷能吸引目光，而是我害怕被拒绝。回想起那些一去不返的青葱岁月，我常会产生些许的后悔之情，因为在我最好的年纪里没有一段青涩的罗曼史可供回忆。当然，如果你选择高冷，表现得像对任何事情都不感兴趣一样，至少在一段时间里这算得上是一种恋爱技巧了，你可以在这段时间里好好磨炼自己的恋爱技能。

发私照

人们常开玩笑说，好色的男人总是用下半身思考。有些男人对这种说法很生气，而有些男人的做法则很好地印证了上述观点，其实，他们就是想用下半身替自己做出选择，而不是用理性的大脑。

通过互联网给陌生人发送充满男人味的露出肌肉的照片意味着暴露自己的身体，显然这不是有安全感的方式。相反，在网上发布自己的 Twinkie 游戏排名却跟安全感有那么点儿联系。听起来很荒谬是吗？让我们来看一个活生生的例子。

假如你的名字是安东尼·维纳，一位著名的野心勃勃的政治家，你决定把自己的写真照发送给一位不是自己妻子的女人，显而易见，这样的行为可能会被新闻曝光，将你的声誉抹黑，媒体还会拿这件事恶搞。你被揭发后，受尽羞辱，被迫因这件事辞职。后来你又第二次犯了同样的错误，给陌生人发了色情图片，结果再次被曝光和羞辱。考虑到这类风险，你应该认真思考一下自己赤裸身体到底是为了女人的文胸还是接踵而来的羞辱。

猎艳

现代人很容易把我们情感的日益疏离归咎于通信技术的发展，但这只是一部分原因。根据一项关于逃避情感伤害的调查研究得出，大学校园里正流行一种“猎艳文化”，在这种文化的熏陶下，学生们倾向于寻找非正式的性关系（一夜情，或纯粹的性约会关系），而不是基于承诺和感情的伴侣关系。

我曾主持举办过两届“现代爱情”大学征文比赛，因为这是一次国际性的征文比赛，所以我收到了来自世界各地上千名大学生关于对待爱情和爱情疑虑的文章。从这些文章中可以看出，猎艳是大学生们经常考虑的问题。尽管有些学生的写作风格已经相当成熟，但大部分作品并不完整，有的读起来甚至不那么通顺，不过学生们在讲述自己的亲身经历时往往缺乏对文字的艺术加工，也缺乏润色意识，他们更乐于直白地讲出来。作品的内容有的涉及约会强暴留下的心理创伤、性变态，也有的则讲述与自己心有所属的人共舞时如何强装镇定。

有些学生有意无意地透露出自己一开始是如何试图吸引另一个人，后来又是如何与其分手，然后慢慢疗伤，或者怎样控制自己只享受肉体的欢愉而不与对方建立情感联系。所有故事似乎都遵循了这样的规律：我度过了一段开心的时光但我没什么感觉，不要对这段关系抱有任何期望，别在意，一切就这么简单。可惜，对许多人来说，这段关系似乎并不简单。而且，在这类关系中，双方的感情确实有可能慢慢升华，但最后还是无情地被取缔了，因为在高校猎艳中感情戏是不应该出现的。

有些人称赞说，猎艳是女性能力提升、独立性增强的体现。但争议点就在这里，现代女性更倾向于在派对上寻找纯粹的肉体伴侣，这是一种既能将自己从纠缠不清的男女关系中解脱出来，还能专心于自己的事业和学术研究的手段。一段真情实意的男女关系可能会用沉重的爱情包袱把她们拖下水，还会耗费大量的时间精力，她们也不希望这样，至少目前还不想。因为这些潜在的混乱可能会迫使她们偏离自己所希望的生活轨道。猎艳则可以使她们一门心思地享受快乐。

从理论上看，这一解释貌似很合理，我已经听很多年轻女性这样说过了。但唯一的问题就在于，我们不能仅根据理论规划自己的爱情生活。我们生活在真实的世界里，周围是真实的人。女人不能仅仅为了独立自强的打算或一份诱人的工作就让爱情生活以自己喜欢的方式结束。实际上，有些时候，我们会在毫无预兆的情况下爱上那个本没打算爱的人。对一个人的依恋之情可能会产生于某些不合时宜的时刻——比如发生在猎爱时期。克制这些感情对青年男女们来说需要很大的自制力；用“降低”感情和“监禁”感情来形容更为贴切。

大部分我听说过的猎艳女在一段纯粹的性关系中似乎很少通过大声怒吼表达内心的情感：“我是女人，你得听我的！”她们更多是低声安慰自己：“这挺好的，不是吗？挺酷的。人们都会这样做，不是吗？”

高校的猎艳文化更令我惊讶的一个方面是，学生们脑海中认为猎艳有一套自成一体的行为规范，他们必须遵守这套规则，但是几乎没人知道这些规则到底包含什么。他们不约而同地认为这其中应该包括自由的、非承诺的肉体关系，一旦超越规则他们便落荒而逃。你有没有因为遵守猎艳规则才在无奈之下发生了性关系？或者在某种程度上保持亲密关系？这很难确定，也很难向周围的人寻求答案，你生怕暴露了你的无知。没有哪所高校会在迎新期间把猎艳指南张贴在宿舍走廊外。

关于猎艳，一个统一的主题就是双方都承认了的爱情脆弱性。不管做了什么，你都要保持一颗高傲的心，因为一旦你先认输了（或者看出来对方有这个意思），这种关系就有向混乱和冲突发展的潜力了。当然，对于感情建立和交流的艺术来说，这是摩擦，也是风险。

2008 年，我举办的第一届高校征文大赛，猎艳是一个很火的主题，有数百名学生选择这个主题。三年后我再次举办征文大赛时，猎艳仍然是一种广泛存在的情况，但是学生们已经不再对探讨这个主题感兴趣了。我不知道学生们是认为自己已经弄清楚了，还是已经放弃了。

不管是哪种情况，他们的好奇心就像钟摆一样摆了 180 度，摆到了另一个方向，从原先的只要肉体不要精神，发展到只要精神不要肉体。这意味着学生们的恋爱生活已经趋于正常化，他们开始享受最原始的恋爱——真正拨动人心弦的恋爱，每天花费几个小时沉迷其中的恋爱——坐在电脑屏幕前的网恋，这样他们可以避免身体上的冲动，还能让两个人之间的感情一直保持着炽热（因为手持手机屏幕时间过长）的温度。

这两种行为——猎艳和网恋——让我觉得那些人主要是为了自我保护，即使是那些网恋的人相信自己是在用心对待对话框和摄像头。大部分情况下这种感情模式很自由，因为双方没有真正意义上的物理接触，所以只需轻点鼠标就能立即结束一切。

拥抱脆弱：从简单的一句“我爱你”到隆重的求婚

到目前为止，高冷已经变得非常流行了。越来越多的人开始承认自己面对不安全感和情感欲望的细节，他们不抑制内心的感情，也不害怕坦白承认的后果。毫不夸张地说，我们仍处于脆弱感的全盛时期。“现代爱情”专栏，凭借在全国发行量最高的星期日报占有一席之地而明显存在大量潜在读者群，而且在《纽约时报》网站也有着相应的版块，因此我的专栏几乎已经延伸到了世界的每个角落。如果你随随便便就将你的爱情生活给陌生人看，那么选择这样一个阅读平台可能会是一件可怕的事。

在开设专栏的前几年，对于某些人和某些特定的主题来说，上述说法很可能是正确的，例如，变性。讲述变性手术的经验会带来各种复杂的后果，并且给读者带来困惑感。这是一个可能会让很多人感到不舒服的主题，所以晒出变性的故事可能会非常危险。不管什么原因，在我收到的成千上万封读者来信中，几乎没有人讲述变性的例子。最后，在变性学开拓作家珍妮弗·芬妮·波尔兰即将出版的一本选集中，我找到了一篇关于这个话题的文章，并有幸将这篇文章搬上了我的专栏。在专栏开设的第一个 5 年中，在“变性”这个迷人又痛苦的话题上我做的所有努力，就是希望打开一扇窗。

后来，紧闭着的闸门打开了，真是不可思议，几十篇关于这个私密话题的文章涌现出来，讲述的角度也是多种多样的——妻子、女友、姐妹，所有接受过变性的人——多到以至于我们不得不暂停这个话题的讨论。似乎任何意义上的禁忌和自我批判都消失了，事实上，“禁忌”这个概念在 21 世纪已经慢慢消失了，至少我所在的领域是这样的。当透露出自己的小秘密和癖好时，大部分人都会用各种各样闪烁的言辞来隐藏自己的真实身份，所以你几乎无法追踪他们到底是谁。

还需要注意的是，并不是所有关于情感伤害的故事都是真实的，有的甚至会存在漏洞。一些人急于分享自己内心的焦虑和羞耻感，但往往会表现出随意的感觉。不过，如果漏洞不是以毫无意义的胡编乱造出现，那么它们其实是可信且有效的，并体现出讲述者满满的谦卑。因此，当讲述的故事大体上能说得过去，就不要追根究底了。漏洞，像其他任何事物一样，可深可浅。

做先开口说“我爱你”的人

大家都明白，意识到爱上一个人并不意味着你应该脱口而出承认这一点，而应该等到你对这段关系感觉良好，并确信你的坦白能得到对等的回应之后。如果你认为你和另一半的关系就像一个跷跷板，你和爱人分别站在跷跷板的两头，那么你会努力让跷跷板保持平衡，避免任何突发的状况，否则你将急速下降，把屁股摔烂。

例如，如果你对另一半说了“我爱你”，而另一半回答你说“我也爱你”，那么跷跷板就是平衡的。但如果你说“我爱你”，他 / 她停顿了一下，然后说“嗯，我也真的很喜欢你，但……”你的跷跷板玩伴似乎已经升了起来，留你一人面临崩溃。

然而，找出谁会是首先说出“我爱你”的人是一项大的决策。好吧，其实这件事有一定的稳定性，至少在异性恋中是这样的。宾夕法尼亚州立大学的研究人员发现，男性首先开口说“我爱你”的可能性是女性的三倍，很诧异吗？反正我很诧异。在这项研究中，有 87% 的人认为女性往往应先开口示爱。但是，在你明白了为什么总是男人首先开创新纪元后，逻辑就很清楚了。

根据这项研究，男人通常会在和女人发生性关系之前说出“我爱你”，不管是不是有意识的，他们这样说的原因是因为想上床，而且他们认为如果自己对女人说了“我爱你”，就会提高对方同意上床的可能性。

虽然这种做法确实行得通，但我想如果每一例情况都是这样算计，那未免太冷酷了。因为我所看到的（做过的）事情是这样的，一个男人的大脑可能会混淆强烈的生理欲望和实际的爱，在激情时刻，他的大脑可能会卡壳，无法适当处理自己的思想和情感。他甚至不知道之前发生了什么，嘴里只吐出几个字“我爱你”。这可能是一种求爱手段，但更多的是情不自禁的。

在任何情况下，如果这种方法奏效并且男人成功享受到了性爱大餐，他会很高兴。即使他还没长远考虑过这样做的后果是什么，在他们确定了关系后，女人会让男人解释自己的真心，她还会常常提起这件事。

出人意料的告白语

当坦露“我爱你”的场景中意外出现了一个小插曲，或有人无意闯入时，有时会出现这样的情况：恋爱的一方以为另一方刚刚说了“我爱你”，于是他/她回答道“我也爱你”（注：尤其是跟一个口齿不清、语速很快、语调单一或带着浓重地方口音的人约会时，会有被诱导着意外告白的风险）。

当你遇到这种情况时，应该立刻就能察觉出来，因为当你说“我也爱你”的时候，对方可能会带着一种奇怪的表情看着你，紧张地笑着问：“你觉得我刚才说了什么？”

你的脸慢慢失去血色，勉强说：“我以为你刚才说‘我爱你’。”

你的伴侣可能会笑着说：“我没说‘我爱你’，我说‘我爱炖菜’，你知道这家餐馆真正好吃的炖牛肉其实都在后厨吗？”

或者：“我说我爱死斯图了。你知道吗？那个人总是把大剧院最好的座位票留给我们。”

或者：“我说我喜欢露珠，你知道吗？露珠挂在青草上闪烁的样子简直像魔法一样，你说对吗？”

不管是哪种情况，你都被耍了。你感觉自己被提前骗出了手中的王牌。你本不想做先开口说“我爱你”的那一方，即使你心里是这样想的，但现在你已经彻底把它表达出来了。好消息：无意间的告白往往会带来幸福的结局。但如果你在这场爱情游戏中走得过快，那就有可能表明在过去的一段时间里，你的这段爱情不够坦诚，你渴望能够说清楚。而且，根据伴侣不同的反应情况，你也终于明白了自己到底应该前进还是后退。不管怎样,你都更好地掌握了主动权。

我也看过意外告白造成的其他变化。近期，随着同性恋婚姻趋于合法化，一对女同中的一方开始考虑和自己的另一半结婚。她在心里偷偷地盘算着，却不敢向另一半提出这个要求，因为她的另一半曾说过自己不屑于结婚。

但这位女士一直在想，她的另一半不想结婚纯粹是因为她永远不想跟异性恋们有着同样的结局？还是单单反对她们的这段婚姻？她对这个问题的敷衍了事是否在暗示自己什么？

想要结婚的一方不敢妄下定论。所以她绕着这个话题转了一圈又一圈，但大部分时机都不合适。直到有一天，她们去佛罗里达州度假，当地海滩附近的咖啡馆共进午餐时，一架挂着条幅的飞机在低空盘旋，那是一条向海滩上的某位女士求婚的条幅。

心里想着结婚的那位女士坐在面朝大海的位子上，当飞机飞过的时候，她没看清楚条幅的开头，从名字后面开始读，完全脱离了上下文。“你愿意嫁给我吗”，她稍作停顿，没把握地念着。

她的另一半并没意识到背后的飞机和标语，突然停止了进食，越过餐盘凝视着这位女士朦胧的双眼，回答说：“我愿意。”

她们赶紧解释了这让人毫无防备的问题。在两人尴尬地相互嘲笑过后，她们意识到，接受求婚已经暴露了两个人的欲望和弱点，现在必须用另一种方式来处理这个问题。

你是认真的吗？她们俩想。

当然是认真的。

不久之后，她们所在的国家将同性恋婚姻合法化，而她们也确实结婚了。

正式求爱（小贴士：必须去趟北京）

每个人都喜欢听正式求爱时的故事，但很少有人真正愿意去做正式求爱所需的步骤。首先一个问题是，怎样才算得上是正式求爱？让我们先来谈谈什么算不上正式的求爱吧。

正式求爱并不像你为 YouTube 拍摄小短片那样。如果你已经360 度全方位地架设好了高清摄像机，并且配备了一位录音师，甚至和朋友们精心编排了一串舞蹈准备边跳边宣告你的求爱计划，那你可能更多的是对能获得多少点击率感兴趣，而不是纯粹为了求爱这个充满爱情脆弱性的举动。

正式求爱不需要俗气的礼物。俗气的礼物往往与权势和贿赂挂钩。

正式求爱也不是让人感觉丢脸的行为。也许它可能会让你觉得丢脸，但绝不能让你的求爱对象感到丢脸，所以正式求爱绝不是雇用一架飞机或飞船，拖着一条写着“卡拉，我爱你”的横幅，在你观看职棒大联赛的体育馆上方晃来晃去，然后中场休息时在超大屏幕上滚动播放求爱的消息，同时让播音员冲着 7 万名观众大声播报求爱对象的名字。

我所说的正式求爱是害怕失败又极富勇气的行为，你求爱行动的唯一观众就是你所追求的人，和大多数人冒着风险想出来的求爱方法比起来，你的方法的华丽之处就在于你很用心。

理想的情况下，被求爱者不会因你的行为而感到尴尬，而是充满了受宠若惊的感觉。在一个真正的求爱中，你不知道结果会怎样，你不知道自己付出的感情会不会得到回报，而这正是你面对的巨大风险。

奇怪的是，如果你真正求爱了，就算你被无情拒绝，但你却不会感到遗憾。事实上，真正的求爱者会为了爱降低自己的身份，这意味着无论世界怎样对他们，他们都宠辱不惊。如果真的有人这样，我们应当感到惊讶和羡慕，甚至嫉妒他们的爱气势如虹。

那么为什么我们不敢向前多走一步呢？因为我们害怕这样做会让我们显得十分被动和脆弱，而且如果被拒绝还会使自己心碎和招致嘲笑。在这个盛行玩世不恭和自我封闭的时代，纯粹的浪漫会让人感觉很落伍。

时间和金钱是另一个使得我们不愿意再迈一步的原因。正式求爱往往需要昂贵的长途旅行和租赁住宿。事实上，你可能需要飞往北京。在过去9年里，我发表过三篇真情实意的求爱故事，这三篇全都涉及出游北京。北京到底和求爱有什么关系？我不知道。我曾想过求爱应该发生在巴黎、罗马或者里约，但不是。另一件显而易见的事是，我们开始把浪漫承包给了中国。

…

在第一个故事中，丽莎是一名大一新生，她爱上了一位女诗人——一位举止轻狂的、爱耍小聪明的学姐，她住在校外一幢像城堡似的建筑里，而且还有男朋友。她们俩成了密友，但不是爱人。几个月后，当这位女诗人突然宣布她即将飞往日本，丽莎整个人都垮了。

丽莎被这个消息深深地刺痛了，但她没停下追求的脚步。她谋划着在大二申请去日本留学，不为了什么，只是为了在日本和朋友重逢，并且彻底坦白自己对她的爱。但是后来她的经济状况不够申请日本留学项目,因此申请被拒绝了。丽莎在海外留学办公室了解到，自己可以申请北京留学的暑假计划，于是她决定去北京。

“北京，”她决定，“那离日本也足够近了。”

6月份的时候，拿着一张缺口程机票的丽莎开始在北京大学学习普通话。6个星期后，北京项目结束了，她的诗人朋友从日本飞来看她，她们俩在天安门广场上一起放风筝。对丽莎来说，这一切已经足够神奇了。后来，她的朋友想乘火车走一次横贯俄罗斯的西伯利亚大铁路，然后在铁路的尽头放一次风筝。她问丽莎想不想跟自己一起去。

丽莎同意了！

一起旅行的时候，有一天晚上，丽莎终于遏制不住内心的激情，她们接吻了。然而，丽莎的朋友没有拒绝她的爱，也没有对此表现出对等的回报。那位女诗人在感情上仍是捉摸不定的。最终，丽莎还是无法追上她的脚步，她不得不回家去面对真实的生活。但丽莎从没后悔过尝试这次感情飞跃，她曾追寻过、爱过，也有所收获。她鼓起勇气正式求爱的行为是她这辈子最伟大的冒险。

…

艾伦也是进行世界性感情飞跃的例子，但在踏上这段异国之旅之前，一切都是未知的。艾伦 46 岁那年离婚了，后来她独身一人生活在纽约州北部。她的中国朋友玉子很担心她一个人生活会很寂寞，便说自己有个叫钟华的哥哥，也是独身一人。也许他们俩会互相喜欢呢？

玉子主动提供了送艾伦飞去中国的机会。“如果你不喜欢他，那也没关系。”玉子补充道。

令艾伦自己都出乎意料的是，她同意了。

4 个月后，艾伦的飞机降落在北京，她在行李领取处见到了一位手捧红玫瑰的男士。钟华几乎听不懂英文，而艾伦也不会说普通话。但艾伦很喜欢他，至少在钟华面前自己是无拘无束的。而且，无形之中艾伦感觉到钟华对自己也很放得开，这对艾伦来说真的很重要。那段低风险的传统爱情在自己身上宣告失败，离婚简直使她整个人分崩离析。那么何不尝试一下这段爱情呢？

他们在一起度过了三个星期的时光，虽然这期间他们几乎无法沟通，但却十分享受彼此的陪伴。在艾伦将要离开的时候，钟华问她："你愿意跟我结婚吗？"艾伦很惊讶，回答说是的，她愿意。这句求婚的话是钟华努力学会的唯一完整的英文句子，艾伦无法相信他已经如此完美地掌握了它。

此后不久，艾伦返回了美国的家中，在钟华拿到飞往美国的签证之前，他们还需等待 18 个月。在这段漫长的等待中，他们俩尽其所能地传达着内心的爱意，钟华会花上几天的时间努力用英文给艾伦写短诗，比如："在我的脑海中，我仿佛能看到你曼妙的身姿，被冷冽的狂风推搡着，我多么想穿过马路，坚定地站在你身旁，我渴望着在寒冷中守护你。"

最后，钟华来到了纽约北部艾伦的家。在漫长又寒冷的冬日里，钟华守护着艾伦，就像他曾经想象的那样。很多年过去了，他仍然守护着她。

高傲地正式求爱

这大概是所有求爱方式中最耐人寻味的一种了。当你在一次求爱中表现得很高傲时，你可能确实花了不少钱，整个过程也很麻烦，但由于你的高傲，你永远不会承认自己付出的一切都是为了自己爱的人。整个过程中你都必须表现得毫不在乎，就好像自己没付出什么特别的事情。我这里有一个教科书式的案例，当然也涉及了北京（还有别的地方吗），这个故事好几年前就出现在我的办公桌上了。

金妍是纽约一档电视节目的制片人，当一名特派到北京的美国记者到她的节目中做嘉宾时，金妍在采访环节中从大屏幕上看到了这位记者，并被他吸引住了，之前他们从未单独见过面。后来，金妍的同事、该节目的预约代理人告诉这位记者，他和制片人金妍可能还蛮合适的。

知道自己的同事做了这件事之后，金妍感到非常尴尬，她用故作轻松的口气给那位记者发送了一封道歉邮件："对不起，我的同事太冒昧了，别把她给咱俩胡乱牵线搭桥的事儿放在心上啊。"邮件的末尾金妍还讲了一个关于相亲的笑话，权当送给自己节目嘉宾的小礼物。

这封邮件开启了金妍和那位记者之间频繁的交流，他们开始分享自己的过去，互相交换对生活的看法和新的体会。然而，几个月过去了，金妍透露出的信息比那位记者透露的似乎要多得多。因为金妍的感情生活很平淡，所以她表现得异常活跃，这也让金妍对那位记者有了更多的想象和期待。于是，那位记者透露得越少，金妍就越喜欢用幻想填满他模糊的形象，也开始喜欢幻想如果他们俩在一起会是什么样。

当金妍阅读一本关于亚洲旅行的杂志时，她突发奇想，决定主动向前迈一步。她想去北京看他。为了让自己从原先的尴尬中解放出来，同时减轻记者身上的压力，金妍找了个理由——自己是受邀完成一项自由写作才来北京的！金妍问记者，当她在北京的这段时间里，他愿不愿意陪陪她。

花了 3 000 美元，旅行了两天，他们终于在一间灯火通明的干净餐厅里共进晚餐了。见面后，金妍不切实际的幻想被某些真实又捉摸不定的感觉替代了。他们彼此倾心，谈笑风生，后来记者带她去了一间酒吧，见了几位朋友。那天晚上，记者吻了金妍的脸颊，并且表示想再次见到她。

在接下来的几个晚上，他们一直在煲电话粥，当谈到子虚乌有的自由写作项目时，金妍每次都不得不撒谎说自己花了一整天做这个项目，而实际上她并不需要对这个项目负责，她每天做的仅仅是在北京观光旅游。金妍走之前的晚上，他们再次共进了晚餐，之后记者带她去了自己的公寓，两人交谈了好几个小时，直到夜深。

大约凌晨一点半的时候，金妍在心里偷偷想这段感情应该向肉体发展了，但是事情出现了一个转折点——记者向她吐露了一件事情——否则她几乎马上就要正式求爱了。那位记者最近和另一个女人开始了一段恋情，而他自认为这段恋情很有希望长久地走下去。

他的倾诉使金妍失望透顶，她默默地守住了内心的秘密。如果在这时表白，双方一定都会非常尴尬的。第二天，无论如何她都要像当初一个人独自飞来北京一样，又独自一人飞回家，唯独多了“吃一堑长一智”和“曲终人散”的感觉。

还有一点，金妍意识到记者在两次晚餐期间都没有提起他的那段恋情，尽管那时候记者和那个女人的关系已经维持一个月了。事实上，他似乎一直都对金妍敞开着心扉，在他们互通信件的日子里，他一直都表现出对她的喜爱和关心。这对金妍来说意味着记者也在这段关系中向前迈了小小的一步，因此她便开始好奇他们俩到底有没有可能保持关系。虽然记者迈出的步子没有金妍迈得大，但那也确实是代表前进的一步啊，应该算数啊。

不过，他们的故事并没有结束，金妍决定把这几个月的历程写成一个小故事，并把它寄给了我。我决定把这篇故事发表在报纸上。作为正式编辑的环节之一，我们要求金妍将这个故事告知给她的北京情人，并向他坦白自己去北京的真实意图，以及几年前他们之间到底产生过什么样的感情。那位记者由衷地为金妍感到高兴。依旧很贴心！

那么，后来记者和金妍的故事是否以互诉衷肠、喜结连理、幸福美满而结束呢？

不，并没有那么美满 。他们俩的生活还是像两条平行线一样各自继续，金妍永远也不会知道，在北京的那一夜如果自己向那位记者坦露了心迹，现在的生活会不会有一点儿不一样？这就是高傲所付出的代价：为了保持自己的高姿态，你永远不会知道如果扔掉骄傲会留住其他什么更珍贵的东西。

全副武装：从单身女孩的秘密小仓库到修改婚誓

用感情盔甲把自己武装起来也能在步入爱情领域时避免脆弱。毕竟很少有人会选择永远站在爱情门外，但是也很少有人毫无保留地把自己交付给爱情。几乎所有人都会或多或少地会把自己保护起来。以下是一对夫妻关于如何在一段关系里保护自己（同时克服自我保护）的事例。

单身女孩的秘密小仓库（大概男人也有）

茱莉亚很爱她的男朋友，也很相信他。她的男友每天早上都会给她准备一碗热气腾腾的麦片，然后帮她端到床上。他总会给她带咖啡。他很珍惜茱莉亚，而且茱莉亚认为他就是自己的百分百男孩。尽管如此，但茱莉亚总觉得自己应该做好爱情随时有可能结束的心理准备。自从她心目中的爱情榜样——桑尼和雪儿分手之后，茱莉亚童年时期关于爱情可靠性的印象就被完全摧毁了，她明白了爱情总是会来来去去，你最好做好它随时消失的准备。如果一对每周冲着成千上万人歌唱“宝贝，我终于得到了你”，同时深情对视的夫妻都曲终人散了，那还有哪一对夫妻不会分手呢，任何人都有可能啊。

茱莉亚在日常生活中也曾有这样的经历。她的祖父离开了祖母，只为了参加一个马戏团（确有其事），而她的父亲在经历中年危机的痛苦时跟另一个女人在一起了。男人们离开了，爱情也随之离开了。作为一个成年人，茱莉亚也经历过爱情生活的土崩瓦解，每一次都留给了她不同的心碎。

所以，即使茱莉亚十分爱自己的男友，并跟他在一起生活，她也一直秘密地为自己保留着一个避风港，以防爱情从暗地里被撕碎。茱莉亚每个月为自己的单身女孩秘密小仓库付 189 美元的租赁费，小仓库里包含了一旦她与男朋友分手她所需要的一切私人物品。当然，秘密小仓库只能作为心理安慰。茱莉亚没办法考虑得很全面，但一些生活必需品还是要准备的：床、床单、枕头、羊皮外套、厨房用具、工具箱、梯子，以及一盒过去别人写给她的情书。

茱莉亚的朋友警告她，在刚开始恋爱的时候就做好结束关系的准备将会催化这段关系的消亡。朋友们认为单身女孩的秘密小仓库可能是一种自我实现的预言般的存在。

也许是这样，但茱莉亚仍然没有放弃这种做法。这是她的盔甲，她甚至把它看作躲避糖衣炮弹的庇护所，一个使她免受伤害的地方。茱莉亚甚至并未告诉男友世界上还有这样一个秘密小仓库的存在。他只知道茱莉亚有一个私人储藏间，但她声称里面只有几盒税收记录和一些留着以后穿的旧衣服。如果告诉男友真相后他会觉得受伤，那告诉他又有什么意义呢？毕竟他是一位鳏夫，自从妻子死后他的生活就崩溃了。他对失去的感觉太熟悉了，看他现在的样子就知道他妻子的事情让他一直沉浸在失去的悲痛之中。茱莉亚可无法想象自己一直生活在悲痛中是什么样子的。

后来房东提出要把租金涨到原来的两倍，这让租赁仓库的开销变得更加难以承担。所以，茱莉亚决定告诉男友真相，向他坦白了秘密仓库里真正的物品和租赁它的真实目的。

谢天谢地，他没有感到很受伤，他甚至表现出了极大的理解。“我的前妻也有一个小仓库。”他解释说，在前妻和自己确定关系的前两年里，她租了一个单间的小公寓。

这种结果让茱莉亚感觉他们俩将会发展得很不错。奇怪的是，他的理解和体贴竟然让茱莉亚开始考虑放弃秘密小仓库。也许总有一天她会放弃的吧。是的，茱莉亚暗暗决定以后要放弃。反正她的男友不会因为参加马戏团而放弃他们的关系，茱莉亚同样也不会。

修改婚誓

在我与妻子的争吵之中，通常我都是落败的那方。不过有一次，我赢了。在计划我们的婚宴时，凯西想要把婚誓修改得更能体现（仅仅在她看来）现代婚礼，我当然认同她修改婚誓的好意——新的婚誓将更符合当代婚礼模式——但我担心，如果我们俩站起来，像她说的那样将戒指滑过 120 位来宾（包括我们俩的亲属和双方父母的亲属）的指尖，人们会嘲笑我们的吧。

婚礼是一个盛大的庆典，这期间可能会发生许多令人啼笑皆非的事，让整个婚礼的气氛变得轻松活泼起来，但是在大声朗读婚誓时被自己最最敬重和爱戴的人嘲笑，这件事绝不能出现在这个范围之内。因此，我竭力反驳着凯西的观点。

在我模糊的记忆当中，以下是我们原本打算宣誓的誓言，黑体部分则是凯西想加上的句子：

“我保证，从今往后尽我最大的努力对婚姻保持忠诚，**尽我最大的努力在疾病和健康时不离不弃，尽我最大的努力……**”

凯西认为许下一些今后可能没办法兑现的承诺是不诚实的，而且大家都照着固定的模式宣誓只是因为其他人也这么说，这简直太肤浅了、太愚蠢了；凯西还认为把花束扔向一群尖叫的单身女性有性别歧视的含义，这是一种侮辱性的可笑行为，她不想进行这个环节；她还认为把结婚蛋糕砸到别人脸上是一种很恶心和浪费的行为，大家竟然还欢呼喝彩。凯西喜欢蛋糕（蛋糕应该是她最喜欢的食物了），她只想坐下来像一个正常人那样好好享受它，而不是把蛋糕抹在每个人耳朵上，那简直像喝得烂醉的兄弟会成员所为。

在凯西看来，婚礼怎样进行应当由我们自己决定，因为这是我们两人“不寻常的一天”（至少这是我们婚礼摄影师挂在嘴边的一句话：“这可是你们俩人生中不寻常的一天啊！”他试图让我们购买一套昂贵的皮质相册封面，来包住原本的瑙加海德革封面，我们差点儿就上了他的当）。

对于凯西而言，如果我们对婚礼做了一些合理修改，这“不寻常的一天”将变得更加特殊。虽然这种方式跟全副武装差得有点儿多，但它毫无疑问仍然是盔甲的一种形式。凯西对婚姻有着很典型的恐惧，修改婚誓则是她克服恐惧的方法。在凯西看来，这些婚誓，尤其是几十年来不受人重视的、散发着霉味儿的婚誓，正等着人们手握红笔狠狠地修改它们。

凯西问：“有多少人在结婚后违背了这些誓言？又有多少人在婚姻遇到瓶颈时离开了他们的配偶？”凯西说她爱我——至少暂时是这样的——她不想也不敢保证。

最后，她让步了，这是个很罕见的情况。我们的婚誓还是遵循了传统，我们都照着婚誓坚决地许下了承诺。她向我保证了所有的事情，尽管这些事情暂时还得不到证实，我向她保证的事情也得不到证实。不过，我们一直在“尽最大的努力”在婚姻中兑现着这些誓言。

目前为止，我们做得都不错。

第4讲

一段关系就像一条鲨鱼，
它必须不断地向前移动，
否则就会死亡。

爱情新领域：网恋

Exploring Life's Most Mystifying Subject
(with the Help of 50,000 Strangers)

在我上中学的时候，有一年我哥哥收到了一份圣诞礼物——一枚宠物石。宠物石在当年非常流行，被装在一个纸质宠物盒内（上面有几个气孔），盒子里附有一本宠物训练手册，指导你应当如何照顾它——这明显是个笑话，宠物石根本不需要照顾。宠物石其实是一种可以在新英格兰海滩上找到的优质岩石，外表光滑，呈长方形。以前从没有人想过给它画张脸，加上肢体，使它看起来像一个活生生的小动物。你花 3.95 美元，基本上得到的就是一块岩石、一本小册子和带有气孔的外包装。提出宠物石这个想法的人名叫加里达尔，是一家广告公司的经理。他很快就卖掉了 100 多万个宠物石，因此一夜暴富。

我哥哥当时已经有女朋友了，他一门心思都扑在女友身上，根本不关心宠物石，但是我很喜欢这块石头。每次打开宠物盒，看到它坐在稻草小床上，我都能真真切切感受到一种激动的心情。除了小小的气孔之外，宠物石什么都不需要，不需要食物，不需要水，它一整天都在小盒子里等我什么时候想起它，多么柔弱和顺从啊。在我还没准备好开始一段真正的恋情时，宠物石和我之间的“关系”算得上相当完美了，至少我们谈了两周的“恋爱”呢。

每当我感到有一种强烈的被需要感或者觉得伤感时，我假装当我在学校时，宠物石对我充满了深深的思念；一旦我回家了，看到我的那一秒它就会很开心。

当我厌倦了宠物石的陪伴（几乎很快我就厌倦了它），我也可以对它置之不理，把它放回我哥哥的书架上，再也不关心它的死活。

几十年来，我从未想起过我哥哥的宠物石。直到最近我读了另一个人关于网恋的故事，才猛然记起这段童年时期的特殊恋情。请不要因为这个奇怪的类比就看不起爱好网恋的人——我明白，和人谈恋爱与和石头谈恋爱是大不相同的。石头没有感情，所以当你忽视它们的时候，它们不会大手大脚地花钱或故意给你找茬。还有其他显著的差异，石头不能思考，不会讲笑话，不会笑，不能理解你的反语，不能跟你分享它的过去，不会讲脏话，不会注册 Skype 账号，不会用电脑，不会操控鼠标，不能在摄像头前脱衣服——这些都是在网恋中很流行的做法。

即便如此，我还是被很多“宠物石关系”般的网恋震惊了，他们好像进展得很顺利——就像我和宠物石的短暂恋情似的，这些关系的顺利进展由意淫、不负责和自我控制欲组成。另外，热爱网恋的人特别喜欢那些没准备好恋爱、找不到人恋爱或者不想谈一段真正恋爱的人，在这种情况下，通过文字和屏幕交流感情是极好的选择，至少对于那种只需一次性放纵的网恋者来说是极好的。不过在有些情况下，这种放纵甚至可以持续好几年。

首先，让我说明一点：网恋不是一对伴侣碰巧因为学校异地、工作需要、旅行在外或军事要求而被临时分开，从而只能通过网络保持联系，直到重聚那天来临；也不是很多年后在 Facebook 或 Skype 上发现了自己高中、大学时期的恋人，然后通过发送即时消息调情。我说的网恋，指的是跟纯粹在网上认识的人进行网恋，和其相互了解的唯一方式就是通过电子邮件、手机短信、网上聊天、

Twitter、博客和通话。

这种关系模式眼下十分流行。这是爱情的新领域，完全由你一个人设计掌握。没有滚床单导致怀孕的风险，没有争吵过后的摔门而去，没有门把手上的脏内裤和水池里满满的碗碟，也不用担心“背部按摩小姐”一直问你感觉怎么样，如果你喜欢，你就要“给她戴上戒指”。网恋就像在21世纪与一位笔友进行深层次的情感探索，你可以与这位笔友持续保持联系，也可以向他倾诉每一个乍现的灵光和内心强烈的感情。网恋的实际成本近乎为0，然而相比之下，感情投资可能要高一些。

装在盒子里的灵魂伴侣

开始一段纯粹的网恋是很容易的，也许，有点儿太容易了。在一开始你就已经具备了网恋所需的一切客观条件——一台无线设备、足够的流量以及满腔燃烧着的难以满足的爱情欲望。不久，你就可以享受跟屏幕上那个在各个方面都能理解你的人无限亲密接触了，那个人就是一个虚拟的“装在盒子里的灵魂伴侣”。很难准确地说出你到底在哪儿才能定位到灵魂伴侣（下文用SMIAB来代替盒子里的灵魂伴侣），但是总的来说他们并不难被找到，灵魂伴侣们可能潜伏在任何一个可供访问的社交网络平台。

也许你的灵魂伴侣首先出现在朋友某条Facebook的评论里，诙谐的评论内容配上性感的图片，促使着你调查这个吸引人的家伙是谁。你开始点击链接，进入相册，挖掘他的个人数据，越看越觉得内心痒痒的。几分钟后，你进入了幻想模式，又过了几分钟，你开始尝试想一些看上去显得不那么低声下气的办法联系自己的梦中情人、花花公子。给他们的评论点赞？回复他们的评论？直接发送交友请求会不会显得太大胆了？这些可能性都让你无比激动。

当然，在哪里找到你的SMIAB完全取决于你常逛哪个网站。如果你喜欢 Twitter，当你已经发了大量的推文，转发了不少推文，粉丝不仅仅局限于朋友和家人的时候，你肯定会因为意想不到有粉丝决定关注你而变得自我膨胀起来。这会让你沾沾自喜，甚至觉得自己有那么一点儿小性感，难道不是吗？另一种沾沾自喜，比起前一种可能没那么明显，还会发生在一个陌生人给你的 Facebook 或微博评论点赞的时候，如果粉丝用一种几乎谄媚的语气回复你，你会更加高兴的。

这种意料之外的赞美就像酒吧里突然有个陌生人在你身后轻拍你的肩膀，说："不好意思，我刚刚不小心听到了你的谈话，我来是想告诉你，你说得太有趣、太有道理了，我简直想日日夜夜听你说话。你介意我坐在你旁边吗？我只想听你再说一些风趣的话。"

这种事情发生的概率有多高呢？从来没有过。这件事从未在任何人身上发生过。然而，在网络中却几乎每天都在上演——无数含糊的奉承被随意地讲出来。如果你感觉你在现实生活中不受欢迎（真的，谁会讨所有人喜欢呢），则会迅速点燃一段网恋。第一次聊天，一系列疑似调情的微博、博客的评论，到 Facebook 的消息，这些都很快成为这段恋情的导火线，轻松有趣低风险的感觉又会加速它的发展。毕竟，你和屏幕另一端的那个人可能隔着好几千米，隔着山脉，甚至陆地或海洋。你们俩的关系还有可能受到本身已经存在的夫妻关系、亲子关系的阻挠。

你们可能，或者你自己认为，你跟网恋对象永远不可能有肉体接触，也不可能在电话里交谈。网恋是没有结果的，它只是让你们双方在并不真正受伤的情况下表现得很脆弱罢了，而你们似乎也很能理解彼此（在这一方面，网恋关系恰好站在猎艳关系的对立面。在一段猎艳关系中，人们经常抱怨自己很受伤，但根据猎艳的准则，人们不允许动真感情）。

你们俩继续调着情，你发现这一切是如此有趣，也很自由，很快你们一开始的互相仰慕，像滚雪球一样慢慢变成了一种更深、更充实的情感联结，直到你意识到这段关系对你来说变得有那么一点儿重要了——或者说，意味着一切。这段网恋几乎成了让你花费所有时间维系的一段关系。

网恋的另一个好处就是方便自由。它可以在你的日常生活中见缝插针，每时每刻，无处不在：律师们上班时拟着法律诉状，而旁边却开着聊天窗口；在家里、在汽车里、骑自行车时、在海滩散步时，人们持续不断地通过短信跟自己的网恋对象交流。比起这些，我所听过的网恋的更诱人之处，也是人们一次又一次为之倾倒的原因在于（虚拟世界中）情感的联结强度——跟一个永远不可能在现实生活中交谈的人——达到了更深的层次，甚至比人们期望的、与周围的人建立的情感联结强度还要深。

安室利处却如入虎穴

有人认为，网恋的感情之所以强烈，不是因为双方无法相见，而是因为他们还没来得及见面。网恋好像抽离了肉体的尴尬和过高的期望，通过静脉注射海洛因让对方慢慢了解自己的性格：插入针头，身心混沌，慢慢融合。之后，网恋双方会相信他们的爱情处于更高尚、更纯洁的层次，因为一切看起来无比纯洁，没有被无趣的寒暄、鸡毛蒜皮的分歧以及差强人意的性爱体验玷污。

那些不想遵循一夫一妻制的人，以及不想维系一段长期关系的人，可以通过将“爱情点播式购买”和“猎艳 SMIAB”两种方法结合起来，好好享受自己的爱情生活。这样他们既能满足肉体上的基本需求，又能得到一份长期的真挚爱情，还不用担心这两种调情式的爱情发展成一段真正的感情，一段自己不想要更害怕得到的感情。通过单点每一份爱情餐品，而不是来一份爱情套餐，网恋者们能一直保持单身，直到自己做好了更多的准备。

许多只谈过网恋的人坦率表示，他们害怕对方做出任何要求更多的行为。毕竟，他们爱的就是现在最真实的你，并且一点儿都不想了解你在现实生活中究竟是什么样子。这种紧张的情绪几乎在网恋的所有年龄组里蔓延：已婚的中年人不希望网上调情开花结果从而威胁到自己原有的生活轨迹，而年轻人和单身者则不希望网上调情开花结果从而威胁到自己不安定的生活。

然而，想要把灯神困在神灯里是很困难的。也就是说，事情在屏幕另一边会怎么发展也很难预料。不管参与其中的人怎么期望，它都不可能停留在百分百顺遂人意的地方。这不禁让我在与“盒子里的灵魂伴侣”谈恋爱和与“盒子里的宠物石”谈恋爱之间做了个小小比较，这差别是显而易见的：一块岩石不会自己主动蹦出盒子，但是名义上的“盒子里的灵魂伴侣”不仅会出其不意地蹦出盒子，而且这种事简直势必会发生。

正如伍迪·艾伦在《安妮·霍尔》中的那句著名的台词：“你知道吗？一段关系就像一条鲨鱼，它必须不断向前移动，否则就会死亡。”让一段网恋前进的方法则是在某个特定的时间、某件特定的事发生之后，双方决定见面。在人们决定迈出这飞跃式的一步后，会感觉原本毫无压力也毫无期望可言的一段关系在瞬时之间担负起了全世界的重量。无论之前网恋双方聊了多久，几周、几个月还是几年，面对面交流总会出现问题：我们还会喜欢对方吗？他 / 她会觉得现实中的我有魅力吗？万一觉得我没有魅力怎么办？现实中的我们会不会跟网络中的我们一样产生化学反应呢？

他们希望他们会，但同时又怀疑他们不会，毕竟已经听了太多“见光死”的故事了。然而他们必须见面不是吗？否则这条鲨鱼就会死。尽管大多数网友见面的结果都不尽如人意，但仍有少数成功的例子，而且顺利发展成了一段美满姻缘。通常来说，因为长时间网恋而结合的夫妻往往会上演一幕 21 世纪的真实版“伊卡洛斯因距离太阳过近而烧化了蜡翼”：由于暴露在真实的生活之中，原本支撑这对夫妻的光导纤维被迅速融化，之后他们重重跌入了海洋，在这个过程中他们会稍作挣扎，试图拯救他们神奇的爱情。

想要从无尽的下坠中解除危机绝对是个难题。这种内部的爆炸总是伴随着惊人的规律，而神秘之处就在于到底为何会爆炸？如果这对夫妻认为跟对方生活在一起是可行的，那么为什么这种可行性又突然蒸发了呢？

电子设备在作怪

对一些网恋的人来说，他们和对方的关系以及发展的节奏都被包裹在一台小小的电子设备里。人们刚刚开始发现，笔记本电脑和智能手机正在慢慢改变我们的行为方式和大脑运算的模式，但有一个事实显而易见：智能手机轻易地用令人眼花缭乱的功能控制了我们，让我们更多地生活在一个物理世界，而不是现实世界中。

让我们分析一下凯特琳的例子。凯特琳是一位大学生，她和自己的网恋对象在一个简短的小规模新闻发布会上相遇，那是一个关于网络记者的发布会，他们俩在空旷的酒店大堂里聊了几分钟的博客和编码语言，然后便互相道别了。道别的时候凯特琳对那个人开玩笑说：“也许我会在 Twitter 上再次见到你。”

凯特琳从未想过他们真的会再次在见面。毕竟那个人生活在距离自己几百公里之外的地方，中间隔着三个州。不过这些都不重要，不久之后凯特琳真的在 Twitter 上找到了这个男人，并且经常查看他并不完善的社交资料。有一天晚上，那个男人喝醉了，他通过 Gchat 向凯特琳发送了即时聊天的申请，很快他们建立了“盒子里的灵魂伴侣”式的恋爱关系，而这段关系的重要性很快也超越了周围的现实世界。他们每次视频聊天能持续好几个小时，甚至聊着聊着俩人就睡着了，而 Skype 依旧连接着。当他们睡醒的时候，两人会通过屏幕看到对方惺忪的睡眼，或者一起再睡个回笼觉，一起把腿拧成麻花状。

他们无所不谈，无所不享，并且相信他们已经完全了解了对方，就像一对忠诚的夫妇。他们一起入睡，一起醒来，几乎一整天都黏在一起，把所有的感情和精神寄托全都放在对方身上。借助摄像头，他们感觉身体和心灵都更加靠近对方。如果他靠在电脑前，我甚至能看到他脸上的毛孔，凯特琳这样说道。

对于凯特琳来说，这种关系让她感到了无限的亲密，同时又尽在掌控之中。她觉得完全没有必要见面，就算见面了她也绝不会感到尴尬，所以凯特琳一点儿都不紧张，会毫不犹豫地表达自己内心的想法，当她很忙或者不想回复时可以随时关掉聊天框。但是如果他们的网恋进行得如此顺利，彼此也足够亲密，难道不应该在现实生活中见上一面吗？试一试到底能不能合得来，试一试他们有没有可能携手共创未来？

凯特琳和那个男人就这个问题达成了一致，他们认为应该见面。所以在某个星期五，凯特琳租了一辆汽车，早早离开了学校然后开了 9 个小时的车，跨越三个州，跟他共度周末。当两个人见面的时候，凯特琳长舒了一口气，那个男人带给她一种很熟悉很舒服的感觉，他们的第一次正式见面一点儿都不奇怪，于是凯特琳内心对这段关系充满了希望。但不久之后，一切都变得明朗和不一样了，他并不像凯特琳期望的那样，换言之，他在现实中的样子一点儿都不像他在 Skype 上的那样。

第一个问题在于，那个男人找不出跟凯特琳聊天的话题，尽管他人真的很好，而凯特琳表现得也不差。值得注意的是，这对情侣再也无法找回跟网恋时相同的感觉了，他们不再想问彼此一些问题，不再想知道更多关于彼此的日常琐碎，他们对彼此思想的细枝末节也不再感兴趣，他们似乎对一切事物突然丧失了好奇心。现在两人身处同一屋檐下，在现实生活中他们显然找不到感兴趣的点，也没什么可感兴趣的东西了。在这个说不清道不明的互联网时代，这是经常发生的情况：不论周围的人是站着、坐着还是就躺在我们身边，他们都不如屏幕上的东西更能吸引我们。很快周围的人就会开始产生怀疑，随着而来的还有不安全感，他们开始迷惑：如果他/她对我不感兴趣只顾着看手机，那么我到底是谁？很快，凯特琳担心“实况转播”的自己一点儿都没有吸引力——至少不如二维的自己有吸引力，比如当她出现屏幕上时。

在他们一起出去吃饭或者坐在公寓里无所事事时，那个所谓的“盒子里的灵魂伴侣”的注意力会慢慢从凯特琳身上转移到手机和电脑上，目睹了一切的凯特林内心的不安全感开始变本加厉。他像往常一样总是浏览自己的电子设备，查看自己的 Twitter 回文和博客，刷网友们的日常聊天记录。毕竟，他获得情感满足的途径就是网络。

最终凯特林恍然大悟，她看透了一切，也伤透了心。她知道他们之间的关系再也不可能更进一步，尽管不能把一切错误都归咎于这个男人，她还是决定离开。事实上，凯特琳也不知道还有什么可说的，甚至连离开的时候都想不出说什么或写什么。走的时候，凯特琳逼自己留了一张敷衍的字条：感谢你陪我度过这个周末，抽出时间跟你见面对我而言意义重大。

你看，这就是问题的所在了：面对面的交流是基于诚信的，你甚至要分享每个带着感情打嗝的瞬间，而这恰恰结束了你跟网恋对象通过短信交流的恋爱方式。正如你所看到的那样，花时间跟那个男人待在一起让凯特琳觉得很不自在，整个旅程变得沉闷、痛苦、代价昂贵，探望他几乎毁掉了所有的一切。但是在这之后他们又会做何选择呢？再也不见面了？还是回到各自的屏幕前直盯着对方，试图搞清楚过去的感情到底从哪儿来？

人们自己在作怪

前不久，我听说一位女士在网上与一个男人持续了一场长达数月的、别开生面的网恋。他们通过短信和 Gchat 谈论自己的偶像和内心的欲望，以及想亲自对另一个人做的有趣的、令人害羞的事情。后来他们决定转移阵地到 Skype，这样可以让两人的关系更进一步。他们俩喜欢看到对方的身体——特别是在笔记本电脑的摄像头前。后来双方都觉得语音聊天太奇怪了，尤其是听着自己的声音，而且在这种情况下他们根本无法做到顺畅地交谈。

之后，这位女士和自己的网恋对象在 Gchat 上花费了无数个小时交谈，他们已经习惯了这种文字交流方式，以至于没办法在看着对方眼睛时还能自然发声。在语音聊天时，他们并未过多关注双方脱衣服的举动和屏幕上的裸体，而是把注意力都放在没有被键盘过滤过的自己是多么不自然。这是为什么？因为好像打字的自己和说话的自己是完全不同的两个人，而且一旦这两种人格形成了比较，他们显然更喜欢书面体的自己。于是，他们俩决定在屏幕上无声地看着对方，同时通过键入信息愉快地交谈，就像一开始他们做的那样。

这看起来很奇怪吧，但我们中确实有不少人存在这种情况——编辑文字的我们和开口说话的我们往往判若两人。例如，当我在写字的时候，我总会用类似“奇怪的是”等脱口而出的句子来开头；反之，如果我正在派对上与人交谈，我就绝不会说出那样的句子。或许我也不会在交谈中用上“反之”，或许也不会用一连串的“或许”作为两个句子的开头。

不知道什么原因，我会在这本书中用这样的口吻写作。我不知道我的写作风格是怎样的，也不知道它究竟形成于何时何地——也许混合了我这一生消化过的所有书籍吧。这是我作为一名作家的独特风格。一千个读者心里有一千种作者风格，但那些老练的作家往往比新手具有更鲜明、更独特的风格。而那些老练的人，就像积极寻找网恋并且在一段网恋中游刃有余的人一样，因为他们觉得自己正在展现出自己最棒的一面，而且现在他们可以让这段关系焕发出贝壳般的闪耀光彩。

问题是，这种个人角色的风格只是我们全部人格中的一部分，而不是全部。而且从某个角度来看，这种人格有可能恰恰与我们真实的人格相反。许多在现实生活中害羞、拘谨、缩头缩脑的人，往往会在虚拟世界中表现出令人大跌眼镜的开放、傲慢和性感的一面。然而，我们在网络上与某个人的关系进行得越深入，就越代表着我们正在被欺骗，他们在无形中让我们相信他们在线上表现出的人格就是他们真正的人格，而我们也在麻痹自己的神经，以至于连我们自己都开始相信屏幕前的自己就是真实的自己。虚拟世界中的我们是那么大胆风趣又聪明！至少跟 SMIAB 在一起时是这样的，他 / 她让我们成为最好的自己，而那就是期望中的爱情应该做的，不是吗？

然后，你跟他 / 她见面了，或许只是在 Skype 上聊了几句。但是，这几个月来你一直用心培养的（臆想的）那个魅力十足的自己好像在一瞬间无影无踪了，取而代之的是一个无趣的、口齿不清的、壁花少年般的自己（你本以为这一版本的自己早就不存在了）。最后的结果是，她 / 她只是被你强烈的个人风格短暂吸引。啊，你再次陷入了轮回，一个沉默笨拙的你在最糟的时刻做了一次特邀嘉宾。真该死啊。

第二人生重蹈了现实的覆辙

第二人生可能是另一种逃避最坏结果和尴尬的性格缺陷的方式。如何逃避呢？把你变成一个参与各种社交活动的卡通人物。在“第二人生”（Second Life.com）——一个向所有人开放的在线游戏社区里，你甚至可以在视频游戏里体验一把“阿凡达”（你的计算机抽象化身）的人生。你的所有游戏体验都将在屏幕上被显示出来，也在屏幕上任你删除存档和匿名参加，所以你可以在这个游戏里完全释放自己的压力。但别忘了这个游戏的交互性，你在游戏里的化身可以对其他用户产生各种各样的影响，所以这款游戏可以让人觉得不再只是单纯地与电子设备交流。

你在这款游戏中，遇到的其他人物都是被他们背后各自的用户操控和设计的，就像你操控着自己的卡通形象一样。在游戏里，你可以工作、购物、旅游、与他人建立友谊、跟异性确定关系、享受性爱大餐、招妓、踏上追星之旅，并试图活到任何你想要的岁数。整个过程就像玩一个电视游戏，你必须学着去掌控一切。

如果你在这个游戏中是个新手，并且急于找一位异性开始一段罗曼史，那么第一次见面就脱衣服是一个具有极大挑战性的举动。而当你终于抵达了宽衣解带的一步（以及解开你伴侣的纽扣），你可能会无比震惊地发现，与人类相比，你的伴侣在身体构造上更像是塑胶模特。

你面对的将要是一副没有任何性器官的躯体。不过不要担心，你可以在游戏里购买所有型号的性器官（通过网上银行支付），并学习如何将它们附着在自己的身体上，以及如何正确使用它们。你还可以通过聊天室跟对方交流，这样你就不必担心硬着头皮和别人交谈时暴露自己的紧张和焦虑。

第二人生游戏是休闲和逃避现实的地方。你可以体验到高空滑翔或探索丛林的刺激感，而不用担心被毒虫或鳄鱼攻击。但一旦涉及社交技巧，它就会从你的幻想中脱离出来，变得跟现实差不多。毕竟，无论在现实还是虚拟世界，我们都仍然是我们自己，我们的做事风格也不会改变。当玩家在游戏中操控自己的角色时，整个过程都跟我们自身的性格和社交方法结合在一起，在一场虚拟的派对中，你还是需要扮演一个优秀舞伴的形象，说一些甜言蜜语，而绝不能表现得像个呆瓜。当你给自己买了一副巨乳或线条分明的肌肉，而且在游戏中表现得也不像现实中那样拘谨时，这可能会让你自我膨胀一段时间——别忘了，每个人都有可能在游戏中这样做，所以归根到底，你在第二人生中的表现其实和现实中也差不多（有可能还不如现实中）。

当你的虚拟伴侣离开了你，跟别的游戏玩家发生了性关系，你还是会切切实实地感到被拒绝的痛苦和被背叛的绝望（因为，你确实被背叛了）。一位试图通过第二人生这款游戏来逃避自己在现实中的失败恋爱的女士得出了这样的结论："我发现我在游戏中的行为跟我在现实中的几乎一模一样，而且我在第二人生游戏中的恋爱失败的原因也和我在现实中失败的原因差不多。"

仅仅通过某些肤浅的物理改变，很难让人逃避真实的自己。你可能在虚拟世界或改变身体外在条件的道路上走了很远很远，但最终俗话说得好："此心只在当下。"

在第二人生游戏中，这句话意味着："无论你给自己买了多大的小弟，你自己的就那么丁点儿大。"

第5讲

在爱情的浪漫和诱惑里
总有些骗子想趁火打劫，
钻有时我们轻信爱情的空子
来骗取乐趣或者金钱。

爱为什么让一些高智商的人也变得愚蠢

Exploring Life's Most Mystifying Subject
(with the Help of 50,000 Strangers)

你有没有参加过这种信任练习？站在一个高高的平台上面，闭上双眼，笔直地向后倒，倒在同事、队友或家人的臂弯里。我从未做过这个实验，但我很欣赏这样的练习，它让我们通过相信别人而学会了信任。我们不知道同事是否将会扶住我们——只需要相信他们会。

除此之外，还有什么选择呢？当这个训练的全部意义是为了建立人与人之间的信任和构筑友谊时，拒绝参与便要像个偏执狂、反社会的怪人一样离开吗？

不能。无论我们是尝试着站在一个平台上向后倒还是盲目地坠入爱河，我们都需要用人类最基本的信任去完成任务。我们需要相信，在日常生活中碰到的大部分人都无意伤害我们，必要的时候甚至能拯救我们。在某些情况下能大胆地质疑或许是我们的优点，例如从街边小贩那儿买 25 美元一块的劳力士手表时。不过，如果我们在寻求爱情的过程中保持高度警惕，那看起来是可怕的。

毕竟，我们对爱情充满热忱而不是成天疑神疑鬼。爱情看来似乎是我们容易轻信的、我们想去相信的东西。然而，当我们拥抱着心灵伴侣并决定信任他们时，我们就可能也将自己置于被欺骗、被伤害的境地——这世上不是只有骗子和罪犯会骗取我们一生的积蓄，还可能有那些看起来好像深爱着我们但其实不然的人。

在爱情的浪漫和诱惑里总有些骗子趁热打铁，钻有时我们轻信爱情的空子来骗取乐趣或者金钱。但在过去，我们很少面临这样的风险，因为我们通常和了解的人或是熟人介绍的人约会。除了当地酒吧或俱乐部组织的单身派对，在派对中和陌生人邂逅往往是偶然的、随机的、少见的。不过，与一个从未见过面或说过话的人相爱，这几乎是没听说过的事。

可是今天，我们经常与一个从未碰面或说过话的人相爱。传递富有感情的图像和信息，这种信息化调情的形式已经主宰了我们的爱情生活。对于成百上千万的人来说，与网友见面——实际上这些人与我们毫无关系，已经成了一种生活方式。

鉴于我们常常在寻求爱情的道路上盲目地四处飘荡，猎艳时保持警惕是不足为奇的。以警惕化解恐惧，这也许能使我们的朋友安心，因为我们知道爱情里有风险，我们并不是天真幼稚的爱情傻瓜。很多人喜欢在第一次约会见面前脑补可能出现的最糟糕情况，套用某些版本的台词“据我所知，他 / 她应该是一个……”

你会在省略号的位置填上什么呢？

如果你和我很陌生，你会说，按照流行的程度大概是斧头杀手、杀人恶魔，或是个彻头彻尾的精神病（女性往往担心遇到斧头杀手或连环杀人狂，而男性则更害怕遇到精神病患者）。

当然，尽管可能性极小但也不排除有这个可能，你会因与一个斧头杀手、杀人恶魔、神经病约会而死。也许当你离开约会的餐厅时空调砸在了你头上，或是当你开车的时候一颗流星划过击中了你的车，抑或是橄榄园里一个巨大的火球爆炸了。

你可以担心任何情况，但是担心约会对象是不是个连环杀手在你心中的排名应该不会很高。如果你真的担心这件事，OKCUPID（美国在线约会社交网）提供了一个名为“你是杀人狂吗”的测验，这个测验以他 / 她回答相关问题的反应来评估用户是否有成为杀人狂的倾向（提示：如果你想要避免增加嫌疑，不要回答你喜欢淋满番茄酱的法式炸薯条）。

这个测验的重点是，你只能发现自己也许是个杀人狂，而不能知道和你约会的那个人是不是。但你能希望那些也许有可能成为杀人狂的人，一旦他们了解了测验结果并承认了他们具备实施暴力的能力，会有公德心地远离约会的人群吗？

如果每个杀人狂都把他们在社交网站上的资料删除，那再好不过。如果连环杀手和精神病患者也这么做，那就更好了。然后我们所担忧的是那些我们认为的正常人不管出于什么原因——恐惧、优柔寡断，甚至友好——也许他们并没向我们透露真实的感受，他们说谎了，当他们真的想让我们离开或拉我们进来时，会带领我们或将我们置于一旁。

很难知道何时你能相信爱情，有时感觉是不可能的。你不得不自己去认清哪些人可以信任、为什么值得被信任，跟随你自己的直觉，切勿过于天真或过于偏执。就像当你对一个二手车经销商的推荐表示怀疑，不随便和他成交时，他会尊重你一样。不过，在早期关系不稳定的时候提出质疑可能倒霉的是自己。

每个人都知道互相信任有多么困难，我们很容易受与我们调情的那些充满魅力的人诱惑。为什么我们如此渴望去嘲笑那些信错了人的人？我们强烈谴责那些爱上骗子的人是彻头彻尾的傻瓜，但我们自己又能比他们好到哪去呢？

让我们来看一下最近几年在法庭上受到民众密切关注的三起案件是怎样的。

案例一：愚蠢的运动员

马丁·泰奥是一位圣母院的足球新星，2011 年与一名女子在网上相识相爱，人们嘲笑他是一个大白痴，因为有公开消息说他爱的人不存在了。他曾对朋友、家人以及媒体说伦娜依·柯柯是他的女友，他生命中最爱的人，甚至会是他未来的妻子。圣母院 2012 年足球赛季刚开始时，她因白血病去世（仅仅在她被确诊两周后，她与泰奥的祖母于同一天过世），泰奥悲剧的爱情故事传遍了全美，他在圣母院足球比赛的第一个赛季所表现出的顽强精神就是他经历了这一悲剧的情感流露。

伦娜依·柯柯已经死了，而泰奥从未见过她和她的家人这个事实真相浮出水面几个月之后，民众仍觉得难以置信。她的头像是别人的，是从网上找来的，她的声音——他们通话的几分钟——奇怪的是来自一个之前和泰奥有过几年交情并在媒体采访时形容自己是个“正在恢复的同性恋”的男性足球员。

舆论的反应基本都是：谁会这么笨？一些人认为泰奥也许是为了掩盖自己是同性恋的传闻而和别人串通一气欺骗民众，因为其他解释都不足为信。但对于这个案例，他对爱情的轻信似乎比说他犯罪更容易让人相信。

在任何情况下，法院都会给出审判意见。

判决？他是个傻子。

案例二：愚蠢的常春藤盟校毕业生

桑德拉·博斯受到了类似来自公众和新闻媒体的相似待遇，尽管她被诱惑和欺骗了。她确实与一个不存在的人结婚了，与他生活了 12 年并生下了一个女儿。她爱上的这个男人称自己克拉克·洛克菲勒。然而，并没有这号人物，也与著名的洛克菲勒家族没有关系（正如他宣称的那样），没有价值连城的艺术收藏，没有新英格兰儿童夏令营和帆罩。 克拉克·洛克菲勒是克里斯蒂安·卡尔·克里斯丁创造的人物，一个有着不平凡的过去且患有严重心理疾病的德国移民。

当在剑桥大学读研的时候，桑德拉相信了这个男人的虚假身份并爱上了他。不过，她并没有荒废学业，她先后去了斯坦福大学和哈佛商学院。作为一名年轻的职业女性，早在他们结婚之前她就已经拥有每年超过100万的收入。她看上去是机智的，沉着的，有口才，有吸引力的，成功的，在每一个你能想到的方面。但她的生活围绕着一个捏造身份、没有驾照、没有医疗记录和收入，更没有任何证据表明他拥有一大笔财富的丈夫身上。最终当局得知她的丈夫曾在威斯康星州娶了一个女人，并在圣迭戈谋杀了一个男人，所以他不止欺骗了这位女老板。他甚至想方设法进入了阿尔冈琴俱乐部董事会。

对他长时间的怀疑让桑德拉禁不住花了一点钱，雇了一个私家侦探，迅速地揭开了克里斯蒂安·卡尔·克里斯丁规模宏大的欺诈真相。随着真相被揭开，桑德拉提出离婚并要求女儿的抚养权。但在她被授予监护权之后，她的前夫绑架了女儿后逃走。最终，他在巴尔的摩一套用他前妻的钱买的公寓中被抓住。

在她的前夫因绑架罪被指控时，她被逼迫站在证人席上解释作为一个受过高等教育的人，是怎么可能轻易相信这个男人的谎言的。

“智商与情商有很大的区别”，她解释道，“我的意思不是说我在选择丈夫时作出了很好的抉择。很明显，我在这方面有非常大的盲区。我要说的是，一个人可能在某个领域表现得很出色，但可能在其他领域表现得很愚蠢。”

媒体批评她，称她为“一个曾为洛克菲勒花冤枉钱的笨蛋”。

判决？也是个傻子。

案例三：愚蠢的粒子物理学家

保罗·弗兰普顿是一位来自北卡罗来纳州的 68 岁的粒子物理学家，也是诺贝尔奖的有力竞争者。他离婚后独自生活的事迹于 2013 被记载在《纽约时报》5 月刊中。他渴望被爱，渴望拥有孩子和一个全新的开始，于是他开始上网寻找。不久后，他在交友网 Matel.com. 上认识了一位女士。她自称是著名的捷克比基尼模特丹妮丝·米拉尼，比他小 37 岁，还有傲人的丰胸。如果你在谷歌上搜索她的名字，你能查到无数她的美照。

瞧，她真的对他感兴趣。多么幸运！

自从弗兰普顿有了想要孩子的想法后，他就对年轻漂亮、能够为他生育很多孩子的女人有感觉。胸部大是能生的标志，对吗？丹妮丝·米拉尼的出现更是锦上添花。她告诉他，她也真的很想要孩子，并对国际模特圈的流言蜚语感到厌倦了。她真的想和像他一样的老教授快乐地生活在一起。他有高智商，她有惹火的身材，两人简直是完美的结合。

于是，他去她在玻利维亚的拍照地点找她，但当他到达时，她已经被叫去布鲁塞尔工作了。她想知道他是否能赶上去布鲁塞尔的飞机并在那儿和她碰面。当然，他可以。

哦！如果他能把她落在拉巴斯的手提箱带来布鲁塞尔，她会非常感激的。

当弗兰普顿的一个加拿大好友得知了这桩不靠谱的"环球恋情"时，他吃了一惊，并劝诫弗兰普顿最好立即停止与那个女子的联系，和他聊天的人不可能是著名的捷克模特。而弗兰普顿的脑子里在想什么呢？无论他的朋友怎样劝告他，他都一定要带着手提箱去见她，哪怕箱子里装满毒品。

这个教授愉悦地将他朋友的建议抛到脑后。他爱上了丹妮丝·米拉尼，而丹妮丝·米拉尼也爱他，就是这么回事。

当真的发现手提箱中装满可卡因（当他在布宜诺斯艾利斯）时，弗兰普顿立即被逮捕入狱。之后有记者问他为什么不听从朋友的劝告，那个世界著名的捷克比基尼模特不可能爱上像他这样的人，也不可能在网上与他调情，与他聊天的人其实是个罪犯。是什么让他听不进去朋友的劝告，坚信这段莫名其妙的网恋呢？

“我因过分自信而被指控了。”这个教授回答。

在阿根廷法院，自负的弗兰普顿因私自运毒被判刑 8 年零 4 个月。法庭对此的意见是什么呢？

判决？这人还是个傻子。

看了这几个案例你就明白了：只有傻瓜才会上当。只要我们不是个彻头彻尾的白痴，就完全不用担心受骗。

我本想也来谴责批判马丁·泰奥、桑德拉·博斯、保罗·弗兰普顿，但我看过太多太多人在爱情里受骗，尽管许多人在类似情况下不会做同样的事。我们是否会选择相信一个斧头杀手的谎言，一个玩弄女性的伴侣的借口，或是一个假装爱我们而内心没有勇气坦诚这虚假的感情的人，我们在爱情里都容易轻信。我们相信爱情，而在爱情里，双方恰好需要最基本的信任。此外，相信那些充满魅力的人同样迷恋着我们，与怀疑我们不值得这样的关注相比要美好得多。说谎的本质和动机也许是不同的，但在每个实例中，我们对爱情的信念远远胜过本能的怀疑。

我们总认为欺骗或虚伪的奉承应该很明显，我们足够机敏去判断真爱与欺骗的区别。但大部分我听说爱上“爱情骗子”的都是像桑德拉、保罗·弗兰普顿那样受过高等教育、拿着丰厚薪水的人，无论他们是金融服务行业的精英还是大学教授。很显然，他们在日常生活或者工作中绝对不傻，只是正如上面的案例那样，他们是爱情里的傻瓜罢了。

那么在爱情里，我们怎样保证自己不被伤害、不被欺骗或利用呢？没人能说清楚——当然，绝不是那些谩骂、讥讽的人。很明显，那些自我标榜专家的人也解释不清。在社交网站日间主播的帮助下，你会收到各种各样的建议，也许这些建议是出于好心，但通常不值得为此花大钱，很可能你最终什么也没得到。如果你很想听听他们怎么说呢，我归纳了以下几个常见的版本（请不要重蹈覆辙）。

拒绝所有人

网上谨慎交友几乎不可能让人们避开风险。大部分网站对我们要寻找的信息会给出提示，但它们根本没什么帮助。

> "骗子们的'综合素质'比以往更平均。"这是第一条。
> "骗子们比以往更狡猾。"这是第二条。
> 至于第三条呢？骗子们比以往更会放长线钓大鱼。

那么你就明白了，如果某些看起来不错的人莫名其妙地接近你，那就直接打电话给联邦调查局。

等等，还有。如果有人对你是谁、你来自哪儿、你喜欢什么很好奇，有可能不是纯粹对你感兴趣，而是想尽办法破解你的网上银行密码保护问题。如果和你谈恋爱的人问你在哪里长大，我建议你尽量用模糊的字眼或者说你小时候记得但现在忘了。如果他问你童年时是否有宠物，告诉他你有，但向他解释在你家里宠物没有名字。就像教你的第一个老师也没有名字，至少没什么人能让你回想起来。还有，你没有最喜欢的电影明星（这些都是应对的巧妙回答）。

如果你感兴趣的人看起来似乎是个有着不同社会角色的、靠谱的、大方的施惠者，（孩子、父母、亲戚）都靠他给予关怀、安慰、食物或爱，那么要竖起一面大的红旗。他可能会借此请求你在生活上接济他。如果他自己需要医疗照顾（或者他看起来有某种难处），那也要敲响警钟。因为如果你爱他，而他声称自己承担不起他所需要的治疗费，你也许会欣然同意，然后他顺理成章地就知道了你的银行账户，哪怕是在国外的账户。

为了安全起见，最好避免和一些看起来贫穷、找借口借钱的人接触，这也是个避免接触那些假扮有钱人的好方法。记住，当今社会骗子们看起来好似普通人，所以明智的做法是避开那些貌似是中产阶级的人。

最高明的骗子会同时创建LinkedIn（专业人士的掌上人脉网）、Twitter、Facebook和任何能够进行社交的网站的账号。

你也许会去核实他们的身份并更多地了解他们。他们的个人网页上大概会有和家人的照片、积累的相关历史记录以及不少的粉丝。总之，他们看起来和那些过着平凡生活、怀揣梦想和希望的人一样。如果你遇到那样的人，一定要格外警惕。

最后但同样重要的一点是，eHarmony（美国最大的婚恋交友网站之一）建议，你要对从未碰面却和向你借钱、询问你的银行信息或访问你的网银账户的人保持戒备。

在网上进行广泛的背景调查

当与陌生人约会时，我们本能地想尽可能地对其有更多的了解。网络技术让我们能暗中进行调查，并提供给我们一条足不出户做侦探的捷径，我们甚至还能对自己做广泛的背景核实。有了谷歌、Facebook、Instagram、Twitter、LinkedIn以及其他社交媒体和搜索网站的帮助，我们能随时查看网上恋人的浏览历史、朋友圈、之前的人脉关系、事业情况、日志和成就，以及与其见面、聊天甚至联系之前的资料。

当调查未来约会对象时，我们常常认为我们能了解得更多。但是，太快接受那么多关于他的信息可能会带来意想不到的后果。以乔安娜（毕业后很快担任华盛顿一家艾滋病非营利性机构的项目负责人）为例。有一天晚上，当她和朋友出去时，她在乔治敦酒吧邂逅了一位身材挺拔的男士。一开始乔安娜就被他迷住了，两人一起跑出了酒吧。他说他很喜欢跑步，乔安娜开玩笑说自己跑得飞快，能把他甩到九霄云外。

几天后，他打电话约她出去。乔安娜像其他人一样，决定先在谷歌上搜索他的信息。她很快证实他确实很喜欢跑步，并且跑得很出色、非常棒！他曾是打破著名的4分钟记录的拥有奥运会水准的一英里赛跑运动员。这还不是全部，乔安娜才知道了他个人信息的冰山一角。在接下来的几个小时里，她了解到了更多。她仔细研究了他的教育背景（包括常春藤盟校的平均成绩点数、专业是工商管理硕士）、发表过的论文、家庭状况（包括他的兄弟姐妹的信息）、商业理念、旅游经历、最喜欢的汉堡店、成长的街坊等。

他们约会的那天，乔安娜第一次看清了他长什么样子，不幸的是他看起来很邋遢、胡子拉碴。这增加了乔安娜的不安全感。不过，直到他们进入酒吧开始喝酒，麻烦才真的来了。在她的脑海中已储备了非常多的关于他的信息，两个人在首次约会见面时往往会先简单互相了解一下，这对乔安娜来说毫无意义。不过，她不承认她知道有关他的一切。诚实地说，乔安娜确实搜索了他的信息，也的确发现了一些事情，但应该还有她不知道的事情。

起初，为了使这次约会聊天更公平，她试着抛开她了解到的信息。但当他告诉她已了解到的一些生活细节时，她很担心自己对此的反应是否很虚伪或者慢了一拍。

比如，当他说自己能在不到4分钟的时间里跑完一英里时，她一开始完全没有反应，而是陷入神游。是的，一秒钟后她意识到她的反应是不正常的，然而再对他卓越的成绩表示惊叹为时已晚。酒喝得越多，乔安娜就越慌乱。当他聊起关于他兄弟的故事时，乔安娜顺势问："是你的兄弟还是姐妹？"

"我告诉过你我有姐妹吗？"他问。

他说过吗？"不，不，"她说，"你有姐妹吗？"

几乎无望于掩饰，她知道的太多，喝的也太多了，根本判断不出他说的话了。

事先快速知道一个人的一切对她来说是个教训。

那晚的约会无疾而终，之后他们再也没约会过。乔安娜得到了教训？正如她所说的："一个人本能的、真实的面部表情是瞒不过别人的。"

现实点儿，有谁会真心爱你

菲尔博士提出了自己对爱情骗局的看法：假如你心中有疑惑，你的另一半怎会没有。日间访谈节目很适合聊令人心碎的、十分讽刺的爱情骗局，也能吊起观众对事件的怀疑。你只需要请几名受害人上台，让他们叙述自己上当受骗的故事，允许观众像在动物园看猩猩般对案例指指点点，当快结束的时候，以一声叹息表明自己对事情的关注，并发表充满智慧的看法。如果听起来太好以至于你觉得那是假的，那很有可能就是假的。

菲尔博士，你能做得更好吗？我想，毕竟你是一名医生。我们确实能把一些你在心理学上的专业意见运用在节目中。如果某人希望以超低价买到奢侈品，那么老话"听起来太好了，显得不真实"就是个很好的建议。但在爱情里，大部分人不都认为听起来越不好，越可能是真的吗？

如果我们不相信有遇到对的人的好运气，就可能会怀疑这种关系是否值得继续。爱情不一定发出危险信号，"听起来太好了，显得不真实"，是许多人对爱情的基本预期。

菲尔博士说，网上有关对爱情骗局的警示语数不胜数。我们被反复告知，如果一个比我们自身优秀或过于完美的人表现出对我们感兴趣，我们要对自己的出生地、最喜欢的宝石和住宅的街道名字守口如瓶。如果被知晓了某些信息，我们就要要求他们发一张手握有确切日期并且报纸顶端有昵称的本地报纸的图片，只是为了向我们证明他们真实存在——或不管什么情况，向他们证明我们不是疯子。

无论如何，平心而论“听起来太好了，显得不真实”这样的标准都是不被普遍认可的。对于自尊心极低的人来说，任何别人的关注都有可能是美好的甚至会让人觉得虚假。而对于自尊心强的人——我们的朋友保罗·弗兰普顿来说，被一个世界著名的超模追求似乎是完全合理的。

真正的问题是，如果我们将“听起来太好了，显得不真实”奉为试金石，我们会因此结束这段爱情。我们如何才能不在爱情里上当，又如何才能在遇到对的人时不欺骗自己呢？

为什么傻子总会轻易地坠入爱河

我往往比凯西更容易相信人，也更乐观。比如，她通常会对好消息持怀疑态度，预估好消息可能并不是真的那么美好。而我总是大方地接收好消息，然后当没有预期想的那么好时，变得失望。

在我们几个月的信件来往中，我们互相建立了信任，至少我是这么认为的。但是我们私下里只在图森一起吃过一个多小时的午餐。我们平时也不用电话联系，所以我们真的对彼此了解得很少。我所能了解的只是她在信中告诉我的，她知道的也只有我在信中说的，我们彼此都努力使自己看起来很好，这不能说是在撒谎，也不能说是完全真实的我们。

最终，她一个在圣安东尼奥的朋友——事实上是前男友，联系她互换住处：她的前男友想去纽约旅行三天，如果她也想来圣安东尼奥旅旅游，我们就有机会一起度过一个长周末。

于是她向我提出了这个主意。我马上就出发了。就像我所说的，我欣然接受了这个好消息。然而很快就变得沮丧：她不久后回信说，希望我们在这次旅行中保持纯精神友谊，我睡沙发，她睡卧室，就像互相认识的朋友一样。很明显，她不信任我，或在不完全信任的情况下，她想保护自己。

我同意了她的建议（我还有什么选择吗），尽管我承认有了这个条约，我没有像一开始时那么期待这次旅行了，我甚至怀疑她是临阵退缩，而这是她脱身战略的开始。无论如何，我都带着很高的期望去了，一开始时事情像之前说好的那样进展。从她去机场接我、一起共进正餐、回到公寓后一起坐在沙发上靠着聊天，一开始的几个小时我们一直保持着纯精神友谊。做一个守原则的人，我时刻准备保持自我，但凯西显然不是这样的，我们之间的阻隔很快就坍塌了。

第二天早上，当我问她开始为什么要保持身体上的距离时，她说："我只是谨慎。毕竟，我真的不了解你。"

然而我心里想："你不了解我？你是什么意思？"让我冷静一会儿。

是的，我是我，但对她而言并不一定，如果在某方面有一定意义的话。意思是说我了解我自己，相信我自己正直、友好、值得信赖，但使我惊讶的是想要了解我的人可能对我有所警惕。此外，很容易盲目地信任——就如同我的情况——你强壮、挺拔、超于他人。虽然如此，我信任她，但她不信任我，至少在一开始的时候，而且她比我更怀疑这段爱情。我有自信她想和我交往，就如同我涉及的大部分人脉关系一样，我不会担心被欺骗或被伤害。

谁知道，如果有一个自称是伦娜依·柯柯、声音沙哑的女人在网上接近我，通过发短信、打电话和我调了几个月的情，我会相信这个人真实存在并上钩吗？或者，我会不会怀疑她实际上是一个我认识的男性前足球运动员经过变性而成的女人，接近我是心怀不轨呢？

有很多理由让我相信她是一个真实存在的人，一个诚心想要和我恋爱的人。

那么，桑德拉的情况呢？我会让自己爱上并娶一个在剑桥大学读书且同时在哈佛商学院深造的女人吗？如果她声称她是洛克菲勒后人，我会相信她没有医疗记录、税务报表或者其他证明文件吗？我会爱上她吗？

如果她足够可信（就像典型的不爱社交的人那样），也许我会爱上她。毕竟，能与洛克菲勒家族的人约会是一件很酷的事情，特别是一个声称自己很爱我的人。

那第三个案例呢？我会相信一位世界著名的捷克比基尼模特会在网上找我聊天，并为了能和我在北卡罗来纳州组建家庭放弃她的模特事业吗？不，我必须说我不会相信。我有自信，但没有那么自信。我也不会信任像保罗·弗兰普顿这样对爱情的可能性如此开放、十分相信爱情的人。毕竟,爱情是给那些准备好去梦想和冒险的人的。

不幸的是，这些人最后的下场都是进了监狱。

第6讲

寻找婚姻中的平衡

让人高兴的是，
爱情总是充满了两性的愉悦和
你侬我侬的甜蜜时刻，
让人仿佛置身于幸福的河流之上，
但我们迟早要面对爱情的副作用。

Exploring Life's Most Mystifying Subject
(with the Help of 50,000 Strangers)

凯西和我订婚了，地点选在旧金山湾的渡轮上。那真浪漫，不是吗？对于我们来说却并非如此。在我们离开渔人码头，开往索萨利托时，凯西说："那么，我们就要结婚了，对吧？"

"是的，我们要结婚了。"我回答道。

就这样，我们订婚了。没有求婚，没有单膝跪地，没有从口袋或者袜子里掏出一个事先藏好的戒指盒，也没有对她露出我大大的、傻傻的微笑，我不记得彼此交付过任何衷心肉麻的情话。我甚至不记得我们接吻了。

订婚的时候我们已经快 29 岁了，在一起差不多有 2 年时间。研究生即将毕业的我们（我已经毕业）必须清楚未来何去何从。我们正向婚姻和家庭迈进，双方父母对我们俩的期望值也在不断上升。我很想娶凯西，我有种强烈的预感——我们一定会结婚，但我从未在这个方向上先迈出具有重大意义的一步。

我为什么不这么做？我希望可以找一些说得过去的借口，比如承诺问题或一箩筐的疑虑，但这都是假的。我并不担心凯西的不忠或婚后生活的艰难，相反，我认为这一切都会顺利发展。我也从不担心无法融入她的家庭或者她无法融入我的家庭。我只是单纯地不想面对规划婚礼所需要的繁琐程序和压力，才一而再再而三地拖延。

当我们驶过恶魔岛时（没有监狱的意思），凯西问我对结婚戒指有什么想法。

“没什么想法，”我说，“我会问我母亲的。”

于是，我松了口气。

让人高兴的是，爱情总是充满了两性的愉悦和你侬我侬的甜蜜时刻，让人仿佛置身于幸福的河流之上，但我们迟早要面对爱情的副作用。筹备婚礼就是一个很好的例子。我不断地从新婚夫妇那里看到，婚礼策划的资金和需求耗尽了他们所有的幸福，他们咆哮：“为什么结婚变成了这样一个巨大的噩梦？这不应该是爱的体现吗！然而所有的压力只会让我们想跳过整个婚礼去私奔。”这就像是一个有抱负的海兵问：“为什么他们要把入营训练搞得这么难？俯卧撑、行军检查和喊号令又有什么意义？那只会让人不想加入海军陆战队。”

如果你不能在新兵训练营坚持下来，那么你在海洋中生存的可能性几乎为零。同样，如果你无法承受婚礼策划的压力和复杂，那么你和你的配偶也很可能不会在婚姻中走得很远。婚礼筹备就像是生活中的新兵训练营，它会用各种方式来考验你们。你必须与你的配偶一同解决余生面临的各种问题：婚礼上要吃什么？我们的婚誓要说什么？人们会怎么看我们？我们需要什么样的家具电器和洗澡用的毛巾？我们要付多少钱？我们如何保持与朋友家人的距离？

一旦你在婚礼上作出了承诺，就必须在婚姻这条路上一直走下去。这意味着你再也不能去单身酒吧跟陌生异性们鬼混了，取而代之的是坐在逼仄昏暗的教室里，趴在冰冷坚硬的课桌上，拿着钢笔和 2B 铅笔计算着一道道婚姻难题。

我很遗憾，这里我即将讨论的内容有些让人喘不过气来。我向你保证，下面的例子可能听起来不是那么有趣。不过，如果你在恋爱早期不把婚姻和家庭生活放到台面上面面俱到地考虑清楚，那你接下来就很有可能花时间坐在宽敞的律师事务所里，闷闷不乐地商讨离婚条款。

准备好了吗？我们的婚姻大纲一共分为三个方面，以“婚姻中的个性”开始（婚姻即丧失个性），过渡到“后代的身份”（给孩子选一个合适的姓氏），最后来讨论表面上的“平等”（包括收入、照顾孩子和家务分工）。

除了选择孩子的姓氏，其他两点通常需要在你婚礼当天做出决定，因为那些琐碎的问题可能会困扰你一生，至少是你整个婚姻阶段（无论哪个先结束）。因此，如果你不知道如何最优地处理它们，别紧张，放轻松，因为你可能永远也不会处理。和他人相比，我和我的妻子在处理这些问题上也不是特别成功，但至少我可以为你提供一些方法集锦，以及他人的错误案例，也许通过听听别人的故事来吸取些教训会让你做得更好。

在婚姻中保持个性

二三十岁的年轻人经常担心自己婚后会失去个性。对许多人来说，这是他们最怕的。通过探索他们焦虑的根源，我发现他们是因为看够了父母的痛苦婚姻，才希望自己能得到更多的甜蜜并减少争吵。通常他们所描绘的画像是一种升华的欲望，一个在婚姻和父母的祭坛上被牺牲的个人梦想。这些年轻的新婚夫妇就算没有结婚誓言，也不会让同样的事情发生在自己身上。他们会为了保护自己的个性而去以一种他们父母因社会压力或者角色的固化不能去做的方式营造更好的婚姻。

然而，即使是其中最理想的夫妻通常也会承认，结婚就意味着结束单身。他们很不情愿地接受游戏竞赛节目的规则：当你选择2号门后面的起居室全套新家具之后，就不能再得到1号门后面超级棒的喷气式滑雪板套装了。

还有，我们希望更好地结合婚姻和家庭生活的益处（稳定、税收减免、承诺、社会接受以及我们生病或年老的时候有人照顾），同时在其他方面保持独立（孤独、性自由、灵活性、自发性）。即使婚姻在许多方面变得更加平等，更加适应个人的需要，我们仍不断摆弄刻度盘，以寻找更多的完全不受干扰的承诺和自由。

如果你因担心在婚姻中失去个性而感到困扰，你可能会采取一些方法来试图阻止你的私人指示灯熄灭。有些方法可能有点儿不寻常，还要听取家人和朋友的批评。不过如同所有的事情一样，越来越多的人做着在他们看起来更加正常的事。

保持分居

对于已婚人士来说，与同一个人困在同一幢房子里的生活可能是一个问题。因为这有点儿令人窒息。婚姻与家庭的团聚在某种程度上都会让人感觉很棒，但在安逸和幽闭恐惧症之间却只有一线之隔。多年来我听到不少女性（包括我的妻子）提出，丈夫和妻子要有单独的房间来作为一个解决方案。

嗯，这难道不算离婚吗？这种情况下不是。妻子们不想离婚。她们爱她们的丈夫（她们是这么说的），享受很多婚姻和家庭生活的其他好处。她们只是希望婚姻中能有更多物质上的空间，也许是一个小房子，与她们丈夫的房子只有一墙之隔，她们可以在那里度过空闲的时间。一定不要是一个大房子，只是一个小屋或一居室公寓，哪怕是后院中一个温暖的翻新存储棚也好。这所房子里有她们珍爱的私人物品：一个不会总是被人翻腾的小冰箱；一个位于窗口的座位，用来阅读和喝茶；一个用来锻炼和冥想的瑜伽垫；一张用来睡觉的单人床。她们可以时而在单人床上睡觉，时而和丈夫在家里睡觉。不过，这样做将是一种选择，而不是义务。这会具有重大的意义。

实际上凯西和我在我们结婚后的前 6 个月尝试过这种模式，虽然对我们来说，这样做更多出于实用考虑而非理想主义。6 月底我们结婚了，我们知道我们会在下一年的 1 月从图森出发去纽约，所以我们放弃目前独立的小而便宜的租住房，而去租一个只有半年期的双人房或公寓意义实在不大。

作为两个珍视孤独的人，我们喜欢这样（不可否认的是，凯西比我更喜欢这样）。有时我们睡在她的房子里，有时在我的房子里，有时我们各自待在自己的地方。只有在我不得不谈论“我妻子的房子”时是尴尬的，我还要试图解释，我们没有离婚或分居，解释的次数远远多于需要或想要知道的人（比如那个电缆修复员）。

当然，加上孩子、宠物和忙碌的生活等一系列复杂的事情，还有维护，即使它只是车库旁边的一个翻新的凝灰岩棚，仍然是花费不菲（虽然肯定比离婚要便宜）。然而，包括我亲爱的妻子，许多时候仍然十分向往它。凯西经常问“还记得在图森时我们每个人都有自己的房子吗”，那儿才是真正的天堂。

对我们而言，真正的天堂依赖于一份婚姻的承诺，包括偶尔灵活的分居。

不如意就离婚

在相同环境下，有的人希望通过类似离婚的举措来保持自己的个性。并非真的离婚，而是试图将离婚的好处带入他们的婚姻之中。

瑞秋和她的丈夫都经历过父母离异，所以他们下决心要让婚姻维持下去。然而，瑞秋受到了婚姻的许多负面作用的影响。虽然她和丈夫努力去做一对相互关怀和忠诚的爱人（为了避免他们父母的命运），但他们仍然在传统的夫妻角色上有所欠缺。瑞秋把失败归咎为片刻不离往往会让人丧失自身的独立。

她和孩子们相处的时间更多，包括烹饪和购物。尽管这些她丈夫单身的时候就已经掌握，但结婚后就立刻放弃了。单身时的她曾经是一个大胆追求想要做的事情的女人，但在婚姻中她开始变得更温顺，更安于现状，也更容易内疚。最近，她甚至说服了自己放弃去巴黎的机会，只因为她认为这会让她离开孩子，她还担心自己会因放弃了家人而无法享受这段旅程。她还感叹，婚姻使她的丈夫放弃了他的男性朋友，使他的社会生活更加专注于她和孩子，这是许多已婚男人的经典模式。

当瑞秋的同代人，包括跟她一样已经有了孩子的同龄人开始慢慢掀起离婚热潮时，瑞秋竟然不为他们感到难过。看到他们面对着如此痛苦的感情波动，她一点儿都不惊讶。反而惊讶于自己竟然从心底涌出了一丝羡慕之情。不是因为心痛、财产分割或是刻薄的言语而惊讶，她不欢迎其中任何一人进入自己的生活，也不会与她所爱之人完全分离。她惊讶的是听人家说过，就算离婚以后也能做一个伟大的父亲的故事，还有离婚后的女人重拾梦想并且重新发现彼此都十分满意离婚后的生活方式的故事。

她发现，有些离过婚的男性朋友在某些方面的表现确实比自己和丈夫更加令人钦佩，也更加自信。离婚让他们找回了在婚姻坟墓中丢失的东西，同时，出于陪伴孩子成长的义务需要，父亲们不得不花时间跟孩子们待在一起，这使得他们重新获得了一些购物和烹饪方面的技能。单亲父亲们必须独立承担家务，和学校教务处主任、老师们、足球教练还有医生们打交道。

与此同时，单亲父亲们也必须好好照顾自己，他们被迫摆脱懒惰的坏习惯。以家庭和孩子为中心的生活模式会让单亲家长们变得孤立、不合群。而单亲妈妈们则掌握了不少新的技能——一些在先前的婚姻中不曾掌握的技能，如修理厕所水龙头、去汽车维修站结清维修轮胎的账单等，以及其他必备的社会生存技能。

瑞秋也知道有很多父亲无法应对离婚这一挑战。其中有一些很快再婚了，期待着一位新妻子来照顾他们，像前妻一样填补他们的社会生活的空洞。她不想美化离婚或是让自己处于离婚的状态。但用离婚解决婚姻问题确实是可行的，她想择优挑选离婚的益处。有没有一种办法，能让自己的状态看起来像是离婚了，但是实际上却没有离婚呢？

貌似答案是肯定的，但这样做需要思想和习惯上的改变。诀窍是不断地提醒自己，结婚后，你应该像未曾结婚时一样独立，有能力。习惯上的改变会要求你离开你的配偶，让他掌管房子和孩子，就像你把这些责任交给他 / 她，这是你监护权安排的一部分。在不承担监护权的时间里，如果法律禁止你承担责任，你必须彻底走出婚姻，否则就是违法行为。

至少这意味着，你去巴黎（哪怕只是去周边的城市）的时候不会感到愧疚。

创造更加公平的姓氏

我的婚前教育中的第二个主题，涉及找出你的新的家庭姓氏。这段时间，很多人想要那种包容的、统一的以及非父权的东西，同时也不会让自己的孩子成为用连字符的多姓怪物（史密斯 - 沙利文 - 斯瓦茨费尔德 - 阿布拉莫维茨，有这个人吗）。

9 年中我目睹了关于这一问题引发的家庭争斗，而且还没有遇到哪个令人满意的解决方法，无论如何都没有人能够满足上述更好的姓氏的要求。首先，想出一个不以某种方式兑现父权制的名称似乎是不可能的事，坦率地说，一切都在遵循父权制：组合名字时，母亲的姓名总是排在最后（这往往来自她们的父亲），或者只占了孩子姓名的很小一部分。

除非你给自己的孩子起了一个纯粹胡扯的名字，就像音乐家王子把自己的名字改成了奇怪的符号，迫使每个人都称他为“前艺术家王子”似的。人们总是要尊重父权制。就连王子那无法形容的符号在父权制中也一定会有它的根据，正如它所说，是一把匕首和一个阳具的一些扭曲的组合。这不只是一个男性的／女性的问题而是困扰着异性恋关系的问题。同性恋父亲仍显而易见地遵循父权来取名，讽刺的是，女同性恋也是如此。所以我们也许应该先把这个放在一边，直到我们的智力达到一个更高的水平再来解决它。

这并不意味着我们将不会继续有命名的需求，不应该继续尝试新的构想。我们似乎处在一个创意命名的热潮之中，各种有趣的实验方案会浮出水面。下面是几种可借鉴的起名方法，以及它们的利弊。当然，从来就没一个方法是完美无缺的。

完全父权制

妻子和孩子都用丈夫的姓，就和之前一样。

利：每个人都有同样的姓氏，在旅行、工作、学校等，更容易被识别身份，如果妻子背负了一个长期以来受到嘲笑的尴尬名字，比如“Bottcrack”，或是听起来很傻的第一个/最后组合，如“Sandy Bottcrack”，她丈夫的名字可能为她提供了一个重新开始（“桑迪·威尔逊”）的机会。

弊：女性身份可能丢失。童年时代的朋友没有你的娘家姓便找不到你。所以你必须使用“娘家姓”，这可能会让你觉得自己像是倒退回20世纪。在继续不公正的父权的做法中，可能潜在男性的内疚和羞耻感。教育你的孩子这种现状是可以接受的，由此助推了这种不公正。提出了丈夫试图将自己的名字标在妻子身上表示“拥有”的棘手问题。可能会被一些人视为懦弱，老古董。有些女性可能会看不起别的女人对此屈服，从而造成分歧。

部分父权制

妻子保留自己的姓氏，孩子沿用丈夫的姓氏。

利：让丈夫和孩子的名字统一。妻子的身份依然独立。很多人这样做，所以也许会少受指责。

弊：妻子可能会觉得与其余的家人疏远了。有可能出现妻子和孩子旅行时，名字与护照或文件不匹配的情况。妻子不把姓传给下一代，从而造成了繁衍的不公平。一些垃圾邮件可能错误称妻子为夫人，电话销售员也会称呼他××夫人，这可能会随着时间的推移越来越令人烦恼。

全伪母权制

丈夫和孩子们用妻子的姓氏，姓氏还是取自她的父亲，因此是必然的“伪”。

利：妻子的姓氏得以流传。

弊：丈夫可能感觉与其家人疏远。

传统按性别起名

女儿用母亲的姓，儿子用父亲的姓。

利：每个人都有所得。

弊：儿子和女儿可能会相互疏远。不过如果这对夫妻只生了一个孩子，这个方法就不奏效了。

性别交叉起名

女儿用父亲的姓，儿子用母亲的姓。

利：每个人都有所得。

弊：可能被别人认为是奇怪、随机的，或者是愚蠢的。不开点玩笑就很难解释给其他人听。孩子们无法真正解释给其他的孩子，因为它毫无意义，甚至不是性别歧视。没有人会这么做。

遵循第一个孩子的性别

第一个孩子的性别决定他和随后生的所有孩子如何选择父母的姓氏，而不考虑其性别如何，即如果第一个孩子是个女孩则所有的孩子都用母亲的姓，如果是男孩则所有的孩子都用父亲的姓。

利：所有孩子的姓都一样。

弊：很难解释，会招致嘲笑，有与不用自己姓的父亲或母亲产生隔阂的可能性。

复合冗杂起名法

孩子们用父母中一人的姓，并将另一人的姓用于中间的名字或第二中间名。公开说明：这是我和凯西所采用的策略。我们的孩子们把“琼斯”作为他们的姓氏，把“哈诺尔”作为他们的第二中间名。

利：通常都这么做，每个人都有所得。

弊：无论是谁的名字被放在最后，总有加权，而放在中间的名字则很有可能被人淡忘。凯西抱怨说，许多学校或医疗机构限制人们只能用一个中间名，这意味着要用她的姓。哈诺尔，是最被忽视的了。

标准连字

把姓氏放在最后，由连字符分隔。

利：夫妻双方都认可（只要他们不为名字顺序打架）。

弊：只有一代解决方案。当前标准连字的孩子即将步入适婚年龄，他们中的许多人会用其他标准的连字，从而引发天翻地覆的三断字。这将如何解决？我们只能拭目以待。

复合字

结合已连字的复姓变为一个巨型复姓姓氏。

利：每一个父母的遗产被认为会一代又一代地延续。

弊：不可持续。

名称共享

与某个和你姓氏相同的人结婚定居。

利：易过渡到婚姻。在身份识别和家庭出行方面没有问题。不用为任何人更改任何文件。在你的婚礼上愉快交谈共有姓氏的有趣巧合，在过道两旁的许多客人也会拥有相同的姓氏。余生都可以把这个精彩的故事讲给生活中的新相识。当地媒体甚至可能会去报道你。

弊：这种方法很难实现，除非夫妻之中有个人的名字起得像“琼斯”那样随便。这可能会导致婚姻关系变差，原因很简单，因为这对夫妇是如此渴望参与到名字分享，从而盲目看待他们在其他方面不匹配的现实。

切割和拼接

将姓氏分成两份或者几份，再重组成一个新的名字。在我家，可能会有“Jonauer”或“Hanes”。

利：公平。大家共同分享同一个名字。

弊：朋友和亲戚可能会感到混乱或是惊愕，对此也会从最初的觉得好笑转为悲伤。仍在用旧名字的家人和亲戚可能觉得你在拒绝他们。更重要的是，所产生的混合名字可能被证明是一个奇怪的存在，只要你想就可以让它成为在谷歌上能搜到的独一无二的名字。

例如，如果凯西和我选择了“Jonauer”，我们就会是这个世界上唯一一个在谷歌能搜到的 Jonauer 一家了。根据维基百科，我发现一个名为“乔恩·奥尔”的人，是“和肯斯特林费洛一同创办强力流行乐队 The Posies 的美国音乐家”。看到这有多容易了吗？现在，如果我想就可以去跟踪他。跑题了。我的观点是：如果我的妻子、孩子还有我要选 Jonauer，那么我们任何人做了一些羞耻的事或者犯了罪，全世界的人都会在 Facebook 或 Google+ 上就会轻而易举找到我们，并还用威胁和嘲笑来丑化我们的“墙”，而像琼斯那样的名字是有点儿困难。

创作大量名字

从你想要的任何东西中创建新名字，或者表达一个政治观点，像职业篮球运动员被称为“世界自由”和“慈善·世界和平”那样。

利：大胆。可以让大家知道你不害怕做一个声明（即使是个蠢想法）。

弊：强迫人们不自然地称呼你，这使得他们反倒愿意喊你以前的名字，或者一段时间内干脆不叫你了。你的孩子可能会在学校遭到嘲笑，导致他们以后会换成平淡普通的姓氏从而没人再关注他们。（就像琼斯一样！）

我相信还有更多的可能性，但这 13 种选择应该至少可以给你启发。如果在你结婚那天，仍然没有决定给孩子取什么名字，就让从不为取名字而烦恼的人来决定吧，比如你们家的狗。

有一对夫妇就这么做了。他们一直在父权制或母权制之间犹豫不决，于是把写有自己姓氏的小牌子放在举行婚礼的户外草坪上，在被宣布合法成为夫妻后，他们一齐松开了自己的狗，将狗鼻子碰到的第一个牌子定为他们要选择的名字。

计划夫妻间公平的家务分工

在理想的世界里，当谈到家务、照顾孩子、工资收入时，夫妻俩不会为谁在婚姻中做得更多而吵个不停。也许在过去夫妻不必为平等的分工争论，因为规则更容易因性别而被打破。当丈夫和妻子没有做同样的事情时，劳动是无法用金钱衡量的，所以前几代的夫妇们不会去花时间争论谁做的事更多，而是为其他事情而争论。

我说“无法用金钱衡量”并不是想说这一个比另一个更有价值。只是男人带回家的薪水通常很难与女人在家所做的贡献相比。有人说，你可以给这些家庭主妇定个价格，但这并没有阻止经济学家继续尝试。并根据 Salary.com 所做的研究，如果将全职母亲的付出折合成薪水，那么平均每年将获得约 115 000 美元的收入（37 000 美元的基本工资加上加班费 78 000 美元）。说实话，这是一笔大数目。

在美国，这个数字不仅是中等家庭收入的两倍多，也恰好多于我或是凯西一年所得。如果我们一直在以现金支付过去 20 年里完成的所有清洁、做饭以及养育子女的事情，我们的个人退休账户将会被刷爆！

不幸的是，理论上的收入是很难指望那笔钱的，在银行存款是很难的，不是像现金那种可以买东西的钱。但如今大多数已婚夫妻都为双收入（又名“收入决斗”），这意味着他们的工资很难统计。如果你的收入很稳定，而且你愿意把它们叠加起来，那么你花在家务和照顾孩子上的时间也是。如果你选择这么做，讨价还价的余地就很小了。

诚然，没几对夫妻能坐下来用电子表格来比较收入、家务和照料孩子，然后敲定一个确切的五五分工。不过，这些计算都多多少少地被考虑到了婚姻之中。丈夫和妻子希望对此公平处理，同性恋夫妇也是如此。如果配偶一方认为事实并非如此，就会导致冲突。

浪漫主义者可能会认为，你关心配偶的幸福甚于自己，才是真正爱一个人。这是一个很好的想法，但在现实中，人们常常在一段时间之后，觉得自己的配偶在一定范围内没有自私的行为，才会更关心他们配偶的幸福。

然而在一定程度上，人们的自我价值感可能会受到冲击。如果对方真的爱我，就会意识到她的行为会让我不开心。如果她在乎我的幸福比自己的多，她就不会随意在停车场勾搭别人，并且卖掉我送的法拉利，用这笔钱飞到巴厘岛去享受我们的浪漫之旅，而且声称婚姻无私不是答案，追求公平才是。好消息是，我们正在这方面取得进展。最近的一项调查研究显示，双收入家庭中父亲和母亲之间的总体工作时间—— 结合有偿工作、家务和照顾孩子 ——价格几乎相同：母亲每周 59 个小时，父亲每周 58 个小时。父亲在有偿工作方面超过母亲，平均一周比他们的妻子多 11 个小时（42 到 31 小时）。但是，母亲用每周 7 个小时的家务劳动（9 到 16 小时）和 5 个小时照顾孩子（7 至 12 小时）来消除这种差异（而且还远不止此）。这些差距也在稳步缩小。

在婚姻中你将如何做到这一点？对于改变，你将如何适应？如果你已经结婚了，而且一直在处理这些棘手的问题，你将如何改变你目前的状态来更好地工作？还需大家讨论。

为了方便，我会提供一些常用的选择。虽然每一个家庭都像雪花一样独特，但在这方面的选择似乎来自一个标准化的清单，而不是选择一个健康保健计划，因为你面对的三个“自由”计划都是一样的，没有哪一个是自由的。因此，它与我们关于收入和家庭劳动分工的可用计划相关。就像保险公司，我可以给名字做一点正向改变，但最终它们仍旧不变：一片混乱。

简要说明：我唯一的计划包括那些潮起潮落的讨价还价，夫妻双方有工作收入，要做家务和照顾孩子，只是因为这些是最棘手的，而且是我听到的人们最容易发牢骚的。那些妈妈全职主妇而爸爸外出工作的婚姻，以及很少见（但不断增加）的爸爸全职和妈妈外出工作的情况几乎没有冲突，但至少角色分工看起来更加清晰，与更复杂的情况相比婚姻似乎也不容易对比和谈判。

进步的平等计划（无性别差异）

在高成就的理想主义者的完美选择中，父母都会在白天努力地工作，在这些工作中获得大致相同的收入，做数量基本相同的家务、购物、做饭以及儿童护理。希望通过无性别对待的榜样，即用没有什么“男人的工作”和“女人的工作”来教育孩子的父母们来说，这也是理想选择。因为这两个人轮流做家务和照顾孩子，并学习所有领域的技术和知识。

父亲将有望亲自给出孩子做鞋的尺寸、开药物处方，以及说出幼儿园老师的名字，母亲可能会不费吹灰之力地做出了吹雪机，或是用大锤子做了石棉水泥板。

利：完全公平。孩子们会感受到从事任何职业的自由，不会带着任何丑陋的性别歧视负担去做任何家务。

弊：在当今工作频变和裁员降职时有发生的经济中，可能很难维持脆弱的平衡。你必须成为一名文艺复兴时期的家长，掌握房子内外全部的家务和责任，而非专注于账单支付或吹出雪花，这需要你花一些时间。所以，当你努力想弄明白报税软件，以及在哪里可以找到食品标签上的谷胶而不是把那些拆掉，你的孩子可能会变得垂头丧气，在一边无人疼爱和照看。

复古平等计划（性别意识）

复古平等计划对于那些在工资、家务和儿童照顾方面寻找平等但对无性别差异的家务劳动不太关心（或无法处理）的人来说，是一个很好的选择。

婚姻男女双方逐步开始平等，用心良苦的爸爸妈妈们热切地想要换掉规则而低估了这个计划，最后发现不起作用：爸爸做的饭味道像生肉皮加盐，妈妈修整草坪就是在蹂躏郁金香花圃，还毁了她最好的靴子。被这个计划吸引的还可能包括那些碰巧真正喜欢传统的男女角色和所承担责任，他们不相信强化性别模式的观点会伤害自己的孩子。或者他们可能暗中相信有“男人的工作”和“女人的工作”之别，并希望自己的孩子也有同样的感觉。

利：劳动的公平分配，只需家庭分工双方都能接受。节省时间，因为你不用承担所有家务，你可以用这些时间来陪孩子。

弊：你会因没有学习新的技能而使大脑萎缩。当处在舒适的环境中时，你的同情心逐渐流失。一再强化性别模式观点，可能会限制孩子的视野。那些性别平等者则会鄙视你和你这类人，认为你们是进步路上的绊脚石。

自由弹性计划（性别混淆或有性别意识）

有了自由弹性的计划，在收入和家务以及照顾孩子方面，都会有很大的差距。不会沉迷于赚取相同收入，而把家务和照顾孩子五五分成，计划的参与者会根据实际因素的需求来调整，会考虑收入是多是少，谁有的时间更多。因此，如果 A 得到一份工作，一年收入 80 000 美元，而其配偶 B 收入 40 000 美元，那么配偶 B 会做更多的家务和照顾孩子来填补其收入上的差距。

如果 A 通过长于 B 的工作时间来赚取多出来的那份收入，那么这项安排可以很好地运行。但在这项计划中，夫妻面临的一个混乱就是配偶的收入不能反映工作时间。如果 A 全职工作的收入为 80 000 美元，而 B 挣 40 000 美元，也是全职工作，或者如果 A 工作了更长的时间，而薪水远不如 B（由于经济因素超出了他 / 她的控制），那么 B 仍然需要在 A 打盹的时候，牺牲自己的睡眠时间来擦洗锅碗，只是因为 B 的能力不能得到 A 那样的薪水吗？这是个难以回答的问题。

顺便一提，在分担家庭责任时，自由的计划，可以是“进步”或“复古”的。说到这儿，我不好意思地承认，凯西和我大都选择复古。我们都对自由弹性计划十分满意，我们都曾在不同阶段是收入最高的，而且我们都不是完全挣固定薪水的。

然而，凯西做饭、购物、做计划最多，并比我投入更多的时间和精力在孩子身上。我主要负责汽车、账单、户外烧烤的肉，家居维修，还有修整院子。

利：你可以根据工作变化，收入多变，以及家庭需求的转变不断地调整平衡。

弊：你必须根据工作变化，收入多变，以及家庭需求的转变不断地调整平衡。

一份关于婚姻的调查

你如何在婚姻中保持个性？（多选）

□保持分居

□不如意就离婚

□开放式婚姻

□来一段办公室恋情

□其他------------------（请解释）

你将如何创造一个更公平的姓氏？（单选）

□完全父权制（顺便一提，这个方式不公平）

□部分父权制 （同样不很公平）

□全伪母权制

□部分伪母权制

□传统按性别起名

□性别交叉起名（不推荐）

□遵循第一个孩子的性别

□复合冗杂起名法（推荐）

□标准连字

□复合字（不推荐）

□名称共享（极力推荐）

□切割和拼接

□创作大量名字

□其他------------------（请解释）

你如何设计一个更公平的劳动分工？（单选）

□进步的平等计划

□复古平等计划

□自由弹性计划

□其他------------------（请解释）

现在，你可以继续生命的下一个阶段了。

第7讲

当婚姻成了独轮车，爱如何重铸

婚姻会变得无聊，
这就像是一个不用动脑子的程序、
一个周期性的观点、
一段敷衍重复的对白。

Exploring Life's Most Mystifying Subject
(with the Help of 50,000 Strangers)

当一夫一妻变成了单调无趣的过日子，亲密无间变成了幽闭恐惧症，熟悉变成了厌恶，找回曾经那份激情的最好方法是什么？数百万人想知道这个问题的答案，我也希望自己能给出这个问题的标准答案。我猜，有些人在寻求答案的道路上已经花费了几十亿美元了。

我读过的来信大致分为两类，含蓄地做出了两种不同的发问：一是关于年轻人的“我怎样才能遇见爱情”；二是关于那些挣扎在中年婚姻危机中的人的“我该怎么重新找回爱的感觉”。

当然，他们口中的“爱的感觉”往往不是指爱情，他们想找回的是另一半对自己的关心、恋爱中的兴奋感，以及婚姻当中丢失了的激情。如果激情是确定关系后的昙花一现，那么婚姻则是激情临走前唤醒的那辆倔强的独轮车。许多人在结婚后感到很失望，甚至觉得自己被骗了，因为他们自己的经营不当而把婚姻独轮车推进了沟渠，他们常常会向配偶表达这样一种令人伤脑筋的观点：“我依然喜欢你，我只是没办法爱上你了。”

让我们把这句废话翻译一下，追根究底这是一种搪塞、一个借口：“虽然我很珍惜你在我生命中扮演的重要角色，但你已经让我觉得厌烦了。”

毫无疑问，婚姻会变得很无聊，这就像是一个不用动脑子的程序、一个周期性的观点、一段敷衍重复的对白。在我20年的婚姻中，我的妻子有一个习惯，她总要求我做这做那，末尾加上一句叮嘱：“你肯定不能忘了这事儿，对吧？如果你觉得自己会忘赶紧告诉我，我自己去做好了。”

我的回答是（几乎重复了100遍）：“我怎么能提前知道我会不会忘呢？这又不是一件要求我‘逐渐忘记’的工作。”

“没关系，大胆告诉我就是了。”她说。

当然，长期生活在一起的熟悉性和连续性也有很多优点。一家人谱写一段共同的历史就是其中一件值得骄傲的事情。家庭生活的惯例和小传统可以为人们带来舒适、快乐、收入，还会让人更长寿。和谐的家庭关系让我们对未来的老年黄金岁月充满了期待——家人们一起坐在门廊前的秋千旁，共享一壶不含咖啡因的伯爵茶，看夕阳西下。

这都是婚姻的伟大之处。就算把全世界都给我，我也不拿这份珍贵的感情作为交换。但是对于结婚多年的老夫老妻来说，缺乏激情是一个普遍又棘手的问题。这通常也是导致婚姻破裂的关键因素，而且似乎没有哪对夫妻能成功躲过它。

在我收到的5万封陌生来信中，只有一对夫妇声称他们在过去的几十年里一直保持着愉快和谐的性生活。与大部分人相比，这对夫妻已经非常幸福了。当这个故事的主人——作家阿雅莱特·瓦尔德曼（她的丈夫是迈克尔·夏班，普利策奖获得者，他们俩已经有4个孩子了）在奥普拉脱口秀中谈起自己的这段依旧鲜活性感的婚姻时，却遭到了满满的敌意和嘲笑，主要是因为她在脱口秀中敢于承认自己把爱情排在母性之前。

阿雅莱特解释说，她之所以在这几年里能够保持对爱情的激情，一部分原因就是调整了优先顺序。她认为，这样做也是为了孩子的身心健康，因为一旦女人在扮演母亲这一角色上花费了较少时间就意味着要增加扮演爱人的时间，从而散发出更多的爱意。爱意满满的夫妻比起戾气冲天、吵吵闹闹的父母更有利于孩子的成长。

阿雅莱特说话的时候，演播室里的观众觉得站在台上的是一位来自另一个星球的双头外星人。这些观众大多数是年轻的和中年的母亲，她们一边听着，一边一脸茫然地看着自己的丈夫。

阿雅莱特可能事先已经想到她的婚姻模式在现代社会是多么少见。事实上，我们中的大多数人正在尽职尽责地沿着中年婚姻的惯用车辙把自己的爱情独轮车往沟里推，而全然不顾配偶们的感受；也有不少人正在幻想跟自己的昔日情人在 Facebook 或其他社交软件上调情，希望来一段不用负责的地下情——当我们与那个重新让自己找回心跳感觉的人聊天时，别忘了问问自己本书的开头提出的问题：尽管这算婚外情，但为什么我不能在多年后重新享受一次爱情的刺激呢？

试着拿上述问题问奥普拉脱口秀演播室的观众们。他们的反应肯定是迅速且震耳欲聋的：“嘘!!!”

先不管观众们是不是奉行清教徒主义，但这绝对是个好问题。如果我们不像那五六对（好吧，也可能是三十对）幸运的夫妻似的，能在结婚十几年后既保持着父母的身份又毫不脸红地过着和谐的性生活，那我们的选择又是什么呢？第一，努力克制住内心不满足的小火苗，屈服于婚姻的单调乏味？第二，偷偷摸摸游走在爱情边缘，试图在别处寻求刺激？第三，直面婚姻的问题，跟自己的另一半共同找回那份久违的激情？

答案依次如下：大概吧；是的，有可能；这个也不错。基本说来，如果我们不想离婚去重新开始一段婚姻，大体有三种选择：克制、出轨、重铸爱情。

克制的人

那些努力克制自己的人熄灭了内心的小火苗，决定接受一个事实：婚姻本来就是这样。他们只需要找出让自己得过且过的办法。正如你想的那样，这种选择就像一连串人为的“合理化”过程，而不是为努力寻找满足自己内心需求的办法而耗费时间和精力。克制者们既然已经在一连串人为的“合理化”上浪费了时间，为什么他们不愿意付出哪怕一点儿努力去尝试面对呢？

“哦，好吧，”克制者们在心里对自己这样说道，“我和他 / 她再也不会像过去那样充满激情了，尽管如此，还是有很多值得我感恩的地方。如果我从头再来，也不见得会比现在更好，因为不会发生什么改变。我爱我的另一半，我爱我的家人们，我爱这生活。我爱我的宠物大黄，我的房子，我的花园。比起这些，那份浅薄的身体快感又算得上什么呢？沉浸在性事里反而会让事情有比现在更坏的发展趋势，这是肯定的！好吧，性爱的作用已经被高估了。它已经给我带来了可爱的宝宝，那就够了。既然已经这样了，你想想还有什么不满足的？还真的需要性爱吗？”

这种充满活力的乐观想法可能会对他们生活的方方面面造成影响。在 Facebook 上，克制者们往往会发布一些积极乐观的内容，比如一次愉快的家庭度假、事业的上升以及孩子取得的傲人成绩，还不忘附上一条小视频链接和一句教你如何在生活中寻求快乐的心灵鸡汤。

他们发布的内容可能会导致 Facebook 上的一些朋友将他们拉入黑名单，因为他们的幸福生活好像跟朋友的一点儿都不一样。其实不是，我们只是看不到某些事实罢了，当克制者们圆满取得了自己希望的一切——婚姻、家庭、事业，这背后他们一直沉溺在自怨自艾之中——据说他们一直生活在梦里。所以他们并不是每天、每星期都有性生活，甚至几个月都不会有夫妻生活。这没什么大不了的！婚姻理应如此。成熟点儿吧，生活充满了选择，你无法拥有一切，那就感激自己所拥有的，并克制住自己吧！

当然了，并不是所有的克制者都一样。正如所有的人格类型都有一个标准的差谱一样，克制者们的表现从屈从到乐观，就算是在本类型差谱上的表现也不尽相同。那些痛苦的忍受者往往很鄙视不愿意承认自己无能和失败的人，还会对在婚姻中不诚实的人、轻易离婚的人、以自我为中心的放荡女人、管不住自己裤子的性瘾者们加以冷嘲热讽，更瞧不上遇到困难就借助网络色情交友逃避问题的人，这简直像个精神上有障碍的变态（即使他们只是在摄像头前录制“自娱自乐”的录像）。克制者们对在离婚家庭成长的孩子表现出极大的关心，他们私下会给予单亲家庭的孩子们无尽的鼓励，因为他们认为自己的家庭十分美满稳定，而自己的孩子与成长在破碎家庭里的孩子相比，具有更强的竞争优势。

痛苦的克制者们往往不会去咨询夫妻问题，因为，有什么问题吗？婚姻咨询处可是为某类特定的泣诉者们设定的呀！无论如何，根据频谱来看，克制者们应该怎么说呢？——哦！生活难道不还是像从前那么好玩吗？我们才不需要付钱给别人来解决问题呢！

他们不会尝试给婚姻加入新的调味料，尤其是在“两性”的问题上做实验，因为这对他们来说太尴尬了——“角色扮演”“姿势”“满足感”和“快感”。呸！这都不正常！

他们不会有外遇，因为这类人十分看重婚姻里的忠诚（自我牺牲），他们认为外遇会伤害到自己的配偶和孩子，也不想让自己在整个社区里的形象受到玷污。只有意志力薄弱的人才管不住自己的内裤。

见过几对有这种夫妻关系的夫妇，我能感受到他们的子女在成年后一直承受着某种痛苦。孩子们一直在内心努力调节着自己，他们认为自己即将跟社会舆论压力结婚，这种舆论在他们心里根深蒂固，促使着他们对婚姻充满了厌恶感。克制者们的子女原本很容易找到爱情，但是他们害怕结婚之后爱情就会被渐渐消磨得连渣都不剩。孩子们说："我不希望我的婚姻是我父母的复制品。"

我不是医生，但有传言证明了我的猜想，一直在婚姻中保持隐忍对健康有极大的不利。如果有人曾对这类夫妻做过医学研究调查，并且发现这类人患心脏病、癌症和肥胖的比率高于常人，我绝不会感到惊讶，毕竟所有的负面情绪受到压抑都必须付出代价，不是吗？

看呐，性格差谱带来的差异多么巨大啊，克制者们的对立面——乐观者们，似乎是世界上最健康、最快活的已婚者了。但是，婚姻中还有激情吗？不剩了，一点儿都没有了。不过这好像没什么大碍。就像苏斯博士在童话《霍顿与无名氏》里描述的那样，在平安夜被抢光了所有的食物和财产后，人们手拉着手唱起了赞美诗；每天清晨心怀感激地起个大早，不再沉湎于细数婚姻的不足而是相互祝福。无论乐观者们把日子过成了什么样，他们的共同点在于：一份会传染的幽默感，每个人都彬彬有礼，狂热地追求相同的兴趣爱好。不知怎的，随着时间的推移，乐观的夫妇一同成长，而不是选择分手。尽管他们不得不面对和忍受这段婚姻中出现的种种挑战和失望感，他们依旧牢牢地相互依靠，相互关联。

你站在某种高度上观察这类婚姻，就像鬼精灵格林奇在大雪中瑟瑟发抖地看着山下的无名镇似的：

为什么！他们在变老，性功能衰退却依然那么快乐！

为什么！他的丁丁在下垂，她的胸部已塌陷却依然那么满足！

一直以来这都让我困惑不解，而现在的我已被激怒！

直到我记起了我没有的东西：
也许婚姻对他们来说不像繁琐的家务。
也许婚姻对他们来说意味着更多。

陷入婚外情的人

选择婚外情的人不会一时冲动发泄欲望，也不会在心里把欲望慢慢消化，他们有一个折中的办法，那就是试图在别处让自己的需求得到满足。他们不会欺骗别人，也不会做出破坏婚姻的事情（下一章我们将会讨论这两个问题）。不，出轨的人只会在婚姻之外重新寻求热恋的感觉，享受追求和被追的愉悦和刺激，但是绝不会彻底背叛现有的婚姻。这一点很重要，因为热衷出轨的人不擅于处理感情纠缠，这也是他们无法直面婚姻问题的直接原因。他们在处理人与人对抗的时候往往得不到好结果，所以他们尽量避免把出轨这件事做得太离谱，因为最后他们往往自己也帮不了自己了。

为了让出轨变得更方便，出轨者们喜欢借助网络的力量。出轨者们的形象总是伴随着各式各样的移动设备出现。坐着的时候，他们死死盯着手中的手机或笔记本电脑，即使他们刚才正在看电视。走路、开车、做饭、做家务或者做其他零零碎碎的小事时，他们总是要盯着智能手机。他们可能跟你抱怨过为什么现在的工作必须要求他们随处带着手机，其实这种托辞只会欲盖弥彰，他们用手机的时候其实只有很少一部分时间是在工作，其余的时间都花在了无聊的自我放松上。

鉴于这种人太过沉迷于电子配置，他们婚姻中最困难的部分将是倾听。出轨者会不断地对自己的配偶说“你刚才说什么”“你再说一遍好吗”，配偶们已经将问题重复了两三遍，以至于他们自己都不好意思再回答“什么”，但是他们最终还是不知道另一半到底说了什么，而且也永远不会知道。不过如果这件事很重要，他们也许会回过神来。比如忘了接下舞蹈课的女儿，直到收到女儿的短信“你在哪儿”，或者当炉子上烟雾警报器呜啦呜啦地响起来，却手忙脚乱不知道到底应该关掉哪一样电器时。

如今网络上的诱惑层出不穷，而出轨者们的掩盖技巧也花样不断，人们甚至觉得近几年简直是婚外情的黄金时代。不过，先进的通信技术只能帮我们找出各种各样的出轨理由，想要让一段充满谎言与欺骗的关系趋于稳定，还是事在人为。

现在，让我列举几种比较常见的出轨行为。

对方是熟人时

偷情者们在 Facebook 上花了大量的时间，大部分用于追踪自己高中或大学时期的旧情人，以及其他吸引他们的人。他们尤其喜欢“你可能认识”这项功能，以便认识朋友的朋友。他们总是想认识更多的人，但是又因为不懂得如何跟不熟悉的人大胆调情而深受困扰，因此，旧情人对他们来说就是一个绝佳的下手对象。

“嘿，你最近过得怎么样？”你有没有收到过类似的来自很久以前的情人、熟人或同学的搭讪？他们字里行间都在打听你的婚姻状况，或者向你暗示他现在的生活很空虚很无聊。如果你曾收到过的话，那么恭喜你，你就是出轨者们的目标了。

这句约定俗成的开场白首先吸引着双方开始一段时间的短信往来，随即发展到双方单独见面，这是一段不费脑子都能预见的过程，写这段的时候我正打着哈欠努力不让自己睡着。唉，那我试试给你讲述一下吧。

在双方寒暄了几句开场白之后，出轨者将谈话的内容引向了正确的路上。

出轨者：是啊，我也结婚了，但是我对爱情还是一知半解的。

我们都开始新生活了啊。你最近怎么样？

下手对象：哈哈，我太能理解你了。

出轨者：你能吗？

下手对象：拜托了，大家都一样，谁不理解你呢？

出轨者：咱们俩曾经有过那么多有趣的回忆，你还记得吗？

下手对象：是啊，那都是很久以前的事了，恍如隔世啊！哈哈。

出轨者：或许我们应该回味一下出去玩的感觉，一起吃顿午饭什么的。

下手对象：天哪，能再见到你真是太不可思议了。

出轨者：你住的地方离我多远啊？三小时车程？

下手对象：是啊，哈哈哈。你开这么长时间的车来看我只是为了一顿午饭！

出轨者：所以你觉得自己在婚姻里有没有以身作则啊？

下手对象：哈哈！笑死我了！！！你还是跟原来一样，一点儿没变！！

出轨者：所以你同意见面了？哦，太棒了！哦，我必须先离开一会儿，我那个多事儿的老婆又在喊我了。

下手对象：好吧，待会儿见！

他们真的会一起共进午餐吗？如果他们去了，并且享受了一段美妙的时光，接着又会怎样呢？首先，重燃内心的激情；其次，决定离婚；最后，结婚，从此过着幸福的小日子。真的会这样吗？

呃，也许不会吧。其实想都不用想，在这个幻想假设中，从“首先”发展到“最后”的过程非常复杂，而且其中的感情损失也是难以估量的。然而，这种由 Facebook 引发的一场白日梦（如果我能够跟 × × 在一起，也许我过得比现在更幸福）却是我所听到的最常见的婚姻问题，它们的讲述者往往是寂寞无聊的中年已婚人士。

出轨者们在心里一遍又一遍地问自己："我该怎样做才能既不打破现有的平静，又能品尝到婚外的激情？我该怎样做才能在不失去的基础上又得到一些额外的甜头？一定有办法的！"

这似乎是所有出轨者们都会面临的典型窘境。

但是没有办法。

"必须有！"

最终，旧情复燃的结果还是重蹈覆辙。当两颗火热的心再次碰撞，激情稍纵即逝，年轻的心早已不再新鲜，但是"家花没有野花香"的诱惑却是一份浇不灭的梦。即使一段恋情枯萎了，在别的地方又会立刻冒出一个新芽。当然，你知道的，这颗新芽可不是什么名贵品种，就是路边的杂草罢了。

与艳星共进午餐

迫切想让肉体得到满足但又不相信自己跟旧情人的调情能得到回应的出轨者，往往会浏览一些色情网站。

出轨者特别突出的一个特质就是，他们可以划分自己的人格，通过将自己各个部分的人格塞入不同的隔离装置，给自己制造一种假象：我的出轨只不过是从密封盒子里不痛不痒地伸出那么一点点，别大惊小怪的。一旦他们满足了自己的需求，他们仍然可以立即回到充满乐高积木、脏兮兮的餐盘以及辅导孩子功课的现实世界中。

对于出轨者们来说，没有什么能比得上当孩子们在远处自己玩飞行棋时，自己偷偷看笔记本上放映的 A 片更美的事了。如果孩子们邀请他们一起玩飞行棋，他们需要做的仅仅是合上笔记本电脑。你看，从偷偷摸摸的窥视者到不漏一丝痕迹的敬业家长，出轨者们可以在几秒钟内完成角色的完美切换，绝不拖泥带水。

不同于 Facebook 上的调情，不管出轨者把自己跟艳星的生活幻想得多美好，他都无法真正跟一位艳星共进午餐。至少我还从未听说过有人尝试这么做的。最终找不到，并不是说他不努力。因为，一旦一个人真的这样做了，将会有什么样的下场？

重铸爱情的人

当一段婚姻开始感觉欠佳，那些勇于面对并努力修补的人倾向于敞开心扉坐下来，理智地讨论种种问题，交换关于“期望婚姻走上什么样的正轨”的意见。与出轨者不同的是，这类人的本心依然是重建婚姻，而不是使婚姻跑偏。夫妻们将共同设定一个目标，然后积极寻求达到这些目标的手段。鉴于他们经济富足、受教育水平高、事业成功以及有高度的积极性，他们一手操办着这项具有深远意义的修补婚姻的远大工程。

首先要明确如何进行修补。夫妻双方会先采取一些解决棘手问题的老办法：广泛研究，提出行动计划。讽刺的是，没过多久他们就会发现，在一开始提出的行动计划中，本以为最具有行动效力的点燃爱情火焰的战略策略却不知为什么没起到多大作用，尽管表面看来这一切是那么自然和有利于恢复关系：浪漫的约会之夜，夫妻感情咨询，共同参加舞蹈班，有计划地过夫妻生活，10 次 10 秒（每天拥抱 10 次，每次持续至少 10 秒）、每周五买一次玫瑰（给当地的花店带来了巨大的经济效益）、每天吻别、互发甜蜜的短信、午餐时互发邮件。

按套路出牌和别出心裁的小情趣

这类夫妻修补婚姻的方式大致可归结为以下两种：按套路出牌和别出心裁的小情趣。按套路出牌呢，出的都是些单调乏味的法子，比如夫妻情感咨询等；而别出心裁的小情趣则是某些有趣又充满挑逗意味的方法，比如甜蜜的短信、充满创意的性爱体验、每天跟对方吻别等。这两种方法之间没有明确的界限，在某些情况下是可以相互转化的。具体如何转化取决于夫妻二人如何实施。比如当两人躺在床上共同阅读一本婚姻宝典时，这种套路就可以转化成深夜的小情趣；相反地，日复一日的小情趣也有可能变成单调乏味的工作，尤其是当夫妻二人外出约会却找不到共同话题只能干巴巴地面面相觑时，或者从刚要发动的汽车里出来只因为忘了一枚离别之吻。

这些重燃爱情之火的方法确实给某些夫妻带来了福音，但是我个人认为他们这种不撞南墙不回头的信念远远超出了方法本身的乐趣，毕竟当两个人都愿意为修补婚姻作出尝试并且依然坚定地站在一起时，就已经让这件事充满异性相吸的神秘魅力了，为此，喜欢宅在家里看《广告狂人》的人愿意跟伴侣每周去酒吧小啜一口，肢体不协调的人愿意跟伴侣参加舞蹈班学习狐狸步，热衷周末晨跑的人愿意放弃晨跑转而参加一个正规的“握手 & 直视对方”的心灵交流活动。当人们做出了这些牺牲，他们的婚姻就已经在慢慢愈合了。

像高危青少年主动离开歧途，朝着正确的方向大步向前一样（比如课后参加兄弟会或姐妹会），修补婚姻的夫妻在接受这些“程序”的时候避免了婚外情的发生，取而代之的是专注于寻找更科学的代替方法。他们利用更安全可行的方法避免了在线调情、跟同事们一起去卡拉 OK 厅组团做一些出格的事情的可能性。

更重要的是，如果你的婚姻已经得到了修补拯救（我们看好每一对寻求帮助的夫妻），你会很骄傲地对他人说你尝试了无数方法，最终成功地使夫妻关系重归和谐。所以从本质上看它只是提出问题、制订计划、列出方案的简单过程。而夫妻寻求爱情咨询则是本方案列表上的前三甲。

你现在有什么感觉

选择重铸婚姻的夫妇通常会找一位婚姻治疗师咨询感情问题，他们首先要求单独治疗，并需要一位能快速解决问题的治疗师聆听自己的心声。在和治疗师进行第一次交流时，卸下身上的包袱、倾诉内心的失望感可能会让夫妻二人感到既轻松又自由。但这只是分开治疗。当夫妻二人坐在一起共同面对治疗师，当着伴侣的面谈论他 / 她，这种治疗方式绝不会使人感到自由轻松。当二人发完了牢骚，酣畅地宣泄了内心的不满之后，治疗师就会转而问起："现在你感觉怎样？"

"不怎么样。"

当他们走出治疗中心时，谁的内心都不爽快。关于婚姻的新的问题看法在脑海里层出不穷，他们可能会在下一次谈话中又开始滔滔不绝，下下次谈话依然会这样恶性循环。这样循环了几个月后，虽然夫妻二人更加了解了彼此的内心，甚至相处得比以前更融洽了，但是，在听取了自己的另一半对自己的抱怨后，谁还想在下班后就立刻冲回家来一场爱爱呢？

我听说的唯一例外是这样一对夫妻，他们的治疗是在第一次三方洽谈上开口就说："你们需要做的就是现在马上回家做爱。走吧，别在这儿待着，回家做爱去。"

他们照做了。这挺管用。可惜，绝无二次。

这种"马上回家做爱"的局限性就在于它的作用是一次性的。到了下一次，这对夫妇已经猜到治疗师会再次让他们这样做。没有人愿意花钱让别人在做爱这件事上指挥自己，毕竟我是花了钱来接受治疗的，可是做爱这件事本身还是我自己干的，治疗师完全没起到作用——除非做爱不仅只有夫妻俩参与。这怎么可能？真是令人伤脑筋。

关于"为什么婚姻变得无聊"的学术性讨论

每一对寻求帮助重铸婚姻的夫妻最终都想变成爱情学术家。他们阅读了无数解释"当你跟你的枕边人在一起生活了二三十年后，为什么生活和性爱变得如此无聊”之类问题的书籍。当这些问题确确实实发生了，他们试图从书中寻找答案。在追求知识的驱使下，他们会建议另一半在睡觉前放弃阅读如旅游杂志、悬疑小说之流的闲散书籍，开始阅读大量题目古怪且反人类的社科书籍：

《你愿意吗？我不愿意！》
《我应该留下还是离开》
《婚姻中你不知道的惊人事实》
《婚姻每周那点儿事》
《老婆存在的意义》
《为了更好，为了更糟》
《女人的脑子里究竟在想些什么》
《被囚禁的婚姻》

这些都是出现在同一个女人社科书架上的书（好吧，事实上它们就摆在我妻子的书架上）。

无论是从书中还是从别人那里，婚姻重铸者都会了解到婚姻的无聊曲线是如何起起伏伏，紧张感是如何在安享晚年之前时而加剧时而放松。他们将成为研究“为何在整个历史进程中婚姻总是压迫着人类”，以及“为何男人和女人总是让彼此抓狂”的婚姻学家。

他们就像训练有素的战士，熟知高潮力学和更年期对两性的摧残；他们还知道如果想要提升性爱乐趣，单单把注意力集中在提升下降的人体机能上是没有用的，但这并不意味着再也无法跟自己的灵魂伴侣享受性爱大餐了，如果能巧妙利用出其不意的小惊喜和情趣装扮，性生活就会依旧和谐。

他们确信，我们的祖先智人，和倭黑猩猩一样喜欢频繁随意的性交，这个理论放在人类身上依然说得通。在经历了几次毫不羞耻的婚外情之后，他们被一系列关于进化的错误假设说服。他们还可能会偏离正确的学术道路，相信传统的一夫一妻制完全是压抑天性和迷惑人类的存在，两性角色迟早有一天会打破重塑。他们认为婚姻实际上是一场不可避免的浩劫，除了那些愿意蒙住双眼、堵上双耳、逃避现实的人，结婚的人是将自己余下的情感生活塞入了一套牢牢束缚自己的紧身衣里。

在“自主学习”结束后，学术性的重铸者们往往会和伴侣躺在床上热烈讨论这些问题（而不是躺在床上爱爱）。在他们拥抱、接吻、跳舞、深夜约会、找寻恋爱的初体验之后，竟然开始怀疑自己付出的努力是否能得到回报。虽然上述方法可能让他们度过了一段美好的时光，也重新唤起了初恋的记忆，但是却难以将爱情时钟拨回到最初的“激情”点上。

选择重铸爱情的人一般都拥有不俗的智商和理性的思考能力，因此在无数次尝试重铸后，他们不可避免地回到最初令人困惑的几个问题上：我们有权从婚姻当中期待多少？我们期待的和收获的对等吗？我们俩的确相互关心相互扶持，我们不常吵架，我们爱我们的孩子，身体也倍儿棒。我已经拥有这么多了，实在没有抱怨的权利，不是吗？人类仍然是地球上最具智慧的生物，还有什么不满足的呢？而且身边也并没有什么潜在风险要求我们必须将美好的事物引向糟糕的发展方向上，不是吗？

正如你看到的那样，即使是最野心勃勃的重铸夫妇最终也有可能退出利用学术改善婚姻的行列，转而加入听天由命的队列。这可不是什么好事儿。毕竟，听天由命的夫妇每天都会这样告诉自己：“我不是最糟糕的，还有比我的境遇更惨的呢。”

的确，我们将会在下一章细数几种更惨的境遇。

第8讲

谁都不愿意做婚姻里的受气包，
但是只有当你身临其境，
你才知道自己会怎么做。

关于不忠，没有任何合理的理由

Exploring Life's Most Mystifying Subject
(with the Help of 50,000 Strangers)

不久前，我读了一个故事，故事的内容大概是关于一个女人和一个即将结婚的男人的婚外情。他们在网上互相挑逗、深夜互发露骨的短信、偶尔共进晚餐，还会进行视频裸聊。他们的感情交流大部分都是通过聊天和视频进行的，只有很小一部分时间用于外出幽会，就算是外出幽会，选择的地点也都是正大光明的公共场合，也从来没发生过肉体关系，最多在桌子底下拉拉小手。

这个男人很爱自己的未婚妻，同时也非常享受和这位线上情人在一起度过的欢乐时光，他难以在两者之间做出抉择。换句话说，尽管婚期越来越近，他却并不想放弃其中的任何一段关系，甚至说在婚后也不打算放弃。然而，当他的笑容凝固在脸上，安静了一段时间静静思考自己的境况时，他会一边在对话框打字，一边盯着屏幕上的她问："我做错了吗？"

他的线上情人并不想对这个问题做过多的分析判断，追根究底有意义吗？如果他真的觉得搞清楚对错很重要，那也是他自己的事，不是吗？毕竟，她没有未婚夫，而且除了他之外没有其他约会对象。她才不是欺骗感情的人。

可是话又说回来，严格意义上来讲，他也不是欺骗感情的人啊。根据“不忠”的标准来看：“欺骗感情”意味着出轨，即在已经有配偶的情况下跟别人发生肉体关系。至少他（目前）还没有结婚，而他们俩（目前）也没有发生肉体关系。即便如此，他们的秘密恋情、激情裸聊、外出幽会还有无数的线上色情玩笑，显然铺就了一条通向那条名为“不忠”的高速公路的小道。如果你用美国国土安全部的彩色预警系统衡量他们性丑闻的威胁程度，那又会达到几级呢？黄色危险级？还是橙色严重级？

说到不忠，人们想知道他们所谓的“不忠行为”到底错在哪里、应该对此持什么样的态度、到底越过了怎样的道德底线，以及这些道德底线又在哪里？人们不知道应该如何看待人们口中的“不忠”行为，“不忠”的人总是先为自己辩解，说自己是软弱的、犯错是人之常情，其次才会考虑自己是不是太过自私和自恋。

我们很难给上述问题提供一份标准无误的答案。在我读过的故事中，相对“不忠”的那方往往是大家眼中的花花浪子（或者招蜂引蝶的妇人），他们总爱被不是自己伴侣的异性吸引，同时拥有多段地下恋情，一次就能将多个家庭搞得天翻地覆。这些人身上存在的共同特性就是欺骗。至于欺骗的技术高低，和其他各种因素一样，只能勉强算作婚外恋的可能因素。

有些人把伴侣偷偷摸摸上网看情色片也看作是一种欺骗行为。在一个令我感到担忧的故事中，一个女人抓住了“正在第二次欺骗自己”的丈夫，而这个导火索让她无比痛心地结束了这段不愉快的婚姻。故事中的男主角声称自己一直在努力地让自己睡着，但是真相随即就被发掘出来了——他根本没睡觉：尽管他保证过再也不看情色片了，可是他还是会再次打开电脑，深更半夜入迷地盯着屏幕上的艳星。

对某些人来说，被公众曝光、羞辱是决定他们如何看待伴侣不忠的另一大因素。例如，如果他们的伴侣在社区举办的鸡尾酒会上公然与别人调情，以至于朋友们都在一旁窃窃私语，他们会立刻在脑海里构想一幅比这更糟的画面——“他/她肯定在某个秘密的出差之夜跟别人搞了一夜情”，尽管朋友们对这次“一夜情”全然不知。如果你恰好是婚姻中欺骗的那方，你的良心会大声疾呼，告诉你要为自己的伴侣着想。不过是否遵从良心，就是你的个人选择了。如果你知道自己已经越过了道德底线，而且决定保守自己出轨的秘密，你就必须天衣无缝地掩盖这一切，不管是掩盖自己的良心，还是遮住旁人的双眼。

爱情就是不断找理由，并不断将理由合理化的过程。虽然对婚姻不忠的行为层出不穷，但最终只有很少一部分闹上了法庭，让吹毛求疵的法官裁决对错。因为大多数人的“不忠”并不是完全意义上的，可能是有那么点儿不忠的意思，或者几乎就快不忠了。你值得拥有几个应急的合理化理由，当你面临突发的状况时可以从容不迫地为自己辩解，而不是手足无措满头大汗。毕竟，当你开始欺骗，开始不忠于婚姻的时候（或者试图分辨出自己的行为究竟算不算出轨时），你早就已经在心里默默准备了一箩筐的理由了吧。以下是骗子们最喜欢的几种“合理化”理由。

人类不是天生就推崇一夫一妻制的

了解生物学背景知识的不忠者可能会狡辩说，在一生当中（或一段时间内）跟许多人发生性关系是人的天性，那是由 DNA 决定的。我们可以像文明人一样生活，可以担负起生活的责任，用一个带锁的箱子把所有的任性和渴望都锁起来，然后把钥匙扔得远远的，但这么做就意味着在违背自己的天性。

只需看看动物世界就可明白，几乎没有哪种动物是一生只有一个固定伴侣的，估计你这辈子都不想踏入严格按照一夫一妻制生存的种群圈。

一个不完全的一夫一妻制动物种类统计：

□跳鼠；

□黑秃鹫；

□琵琶鱼（雄性琵琶鱼之所以忠于雌鱼，仅仅是因为交尾后它们就寄生在雌鱼体内，随时给雌鱼提供精子使其受精）；

□合体吸虫（一种寄生于鱼类肠内的绦虫，雌性和雄性也在交配后融合在一起直到死亡）；

□曼森氏裂体吸虫（人体寄生虫，其雌性生活在雄性的消化道内）。

诚然，并非所有的一夫一妻制动物都像爬虫那样小得看不见，或者让人丝毫提不起兴趣。美国的国鸟秃头鹰也过着一夫一妻的生活。地球上最可爱的动物之一——帝企鹅，至少在繁殖季期间坚定地守护着自己的另一半。帝企鹅也是一种十分讲究男女平等的生物，在孵卵期间，雄性企鹅要花上两个月时间坐在企鹅蛋上为其持续供暖，同时也起到一定的保护作用，而雌性帝企鹅则在这两个月的时间里充分地进食和游泳。

你可能会认为雄企鹅连续 64 天不吃不喝，空腹坐在零下 40 多摄氏度、风速高达每小时 145 千米的环境里会待不住，如果有别的雌性企鹅前来诱惑它，它会不会起身走出寒冷、饥饿和无聊的枷锁？不会，孵蛋是雄性帝企鹅的职责。它们会不会像人类似的，当被困在相同的境遇下时就会离开自己的岗位，抛弃自己的领地跟另外一位迷人的小姐跑了？答案是不可能。

当然了，秃头鹰、帝企鹅和人不一样，它们是鸟类，尽管我们十分钦佩它们的做法，但人类和鸟类归根结底还是有很多不一样的地方。由于人类是哺乳动物，从猿类进化而来，因此我们跟容易性冲动的倭黑猩猩更相似（原名侏儒黑猩猩——我对此很好奇，因为它们并不矮小）。倭黑猩猩以性欲强烈而出名，异性互相问好时需要交配，道别时需要交配，治病时需要交配，促进种群和谐时需要交配，任何事情都有可能成为它们交配的理由。而且在交配的体位和方式上，倭黑猩猩和人类一样具有无限的创造力。事实上，有研究表明，除了人类之外，倭黑猩猩是迄今为止唯一懂得传教士体位的物种，还懂得法式湿吻以及口交。它们对于性爱实在是太过痴迷了，以至于只要身边有异性存在，就能立刻开始交配——除非是母亲与儿子的关系。

根据进化论，如果人类没有被一夫一妻制约，如果我们能够逃出这种制度的束缚，就很有可能回归像倭黑猩猩那样的原始交配法。像克里斯托弗·瑞安和卡希尔达·杰西卡在他们合著的《性在黎明》中说的那样，人生来就是杂交性动物。如果你想为自己在婚姻中的不忠行为找个托词或给其扣上冠冕堂皇的帽子，你可以深度阅读一下这本书。

这种说法给所有相信科学进化论的人带来了极大的冲击：人们需要大量时间来阅读这本书，但你可能没那么多时间扭转自己的思维方式。《性在黎明》无疑是一本迷人的畅销书，但它足足长达 400 多页，狠下心来阅读它是唯一的办法。如果你真想给自己的出轨行为找一个可靠的理由，来说服自己“出轨”不仅是一种高级做法，而且是生物返璞归真的必要选择，那你就得多消化几遍这本书。

然而，即使你在这方面深有造诣，成为一位生物学专家，你仍需谨慎使用这种理论，因为它的科学性还不太令人信服。尤其是在哭哭啼啼、控诉着你的不忠的妻子面前，这种理论可能会贴上冷屁股，她很有可能会借此给你指条如何推广进化论的明路：到路边等你的倭黑猩猩去吧。

激情是生活必需品

支持这种说法的人认为，寻欢作乐是一件好事。人们应该追求现世的幸福。如果我们的伟大开国元勋们希望每个人欲求不满的心都烂在肚子里，如果他们厌恶私下幽会的情夫情妇们，为什么还要在每取得一次胜利后狂欢三天三夜呢？还有什么能比被爱和性欲得到满足更能让人快乐的呢？“不忠”也许会给婚姻关系和名声地位带来不可挽救的后果，但当你剥开“背叛”“违背誓言”“违反圣洁之名”等危言耸听的外衣，你真的能找出另一种比寻欢作乐更让人神魂颠倒的事情吗？

“及时行乐”的主张者喜欢对自己说“想做什么就做什么吧，你只能活一次”（换种常见的说法，就是花开堪折直须折）。你只有一次生命，然后就去见上帝了。结婚，意味着剩下的几十年都只能跟一个人上床，然后你还是去见上帝了。如果跟你结婚的这个人对性事不感兴趣怎么办？如果他 / 她不喜欢跟你上床怎么办？你这辈子都与性爱无缘了？这一切都取决于你自己。

不要以为性生活结束的那一天就是世界末日（尽管这确实有可能导致断子绝孙）。随着年龄的增加，身体机能的减退，有的人会开始排斥性生活，而且一点儿也不想念那种快感；有的人甚至从来都不喜欢性生活；而对于性饥渴的人来说，剩下的人生里品尝不到性爱的感觉是无法可想的。他们会告诉你，没有激情的人生就不算人生。

如果此类声音整日萦绕在你耳边，那么迟早有一天你会觉得对婚姻不忠的行为是非常合理的。你甚至会相信，真的没有什么事比无法有婚外情更可悲的了。

严格意义上讲，我并没出轨

性，曾经是很容易定义的。现代社会却出现了一大堆似性非性的性爱方法，比如在游戏里和虚拟伴侣性爱，比如和网友进行视频性爱，正如我在前几章中讨论过的那样。鉴于我们有各种各样不进行身体接触，甚至不在一个房间就能性爱的方式，人们不禁开始思考，我们这样算是背叛吗？

稍微懂一点儿法律知识的出轨者都会巧妙地给自己留出回旋的余地。他们把婚内出轨当作一桩民事案件，在找出确凿的证据被证明有罪之前，始终是清白无辜的。这种人倾向于从另类的角度看世界，只要能从狭窄的角度看问题并且好好利用每一个思维漏洞，就是完全有利可图的。他们为自己的不忠行为辩护，必要时还会替跟自己出轨的那个人说几句。他们不认为自己的行为是一种感情欺骗，至少从严格意义上讲，不是百分百的肉体出轨。

这种钻法律空子的行为已经不是什么稀罕事了，自从比尔·克林顿含糊其辞地一笔带过与莫妮卡·莱温斯基的性丑闻，推脱责任的方法就迅速被推广开来。克林顿声称："我和那个女人没有发生性关系。"他的高姿态不仅使他保持了绅士风度，还将愤怒、职权滥用和法律漏洞揉碎了混在一起，无懈可击。

克林顿和莫妮卡在一起做的事，被大多数人看作是"通奸"，国会商讨后也认为这种行为有辱椭圆形办公室的国威。但从技术层面上讲，克林顿声称自己绝没有偷情，因为"这种事"取决于个人如何定义，在某些情况下，"这种事"也可能被曲解成"那种事"，但有些情况下却又不是。

许多人在心里偷偷支持克林顿的这种"尊重法律的行为"。他们可能因此会有这样的想法：我跟别人调情了，但我们没有接吻；我们接吻了，但我们没有抚摸对方的身体；我们抚摸了对方的身体，但我们没有脱光；我们脱光了，但我们没有上床；我们上床了，但我没有投入感情。每个级别都像是不同法律范畴的欺诈行为，从轻罪到重罪，或者随便开张违规停车罚单就行了。如果你是审判这场欺诈行为的唯一法官和陪审团，那你应该将这项审判程序走得如行云流水一般。如果你不是唯一的法官，那你可就要准备好盘问了。

欺骗，只是婚姻濒危的象征

了解医疗和精神卫生等方面专业知识的人不会仅仅用对错来判断婚姻中的不忠行为，他们看问题更加透彻，更善于将复杂问题简单化。在他们看来，一段有问题的婚姻才是导致不忠行为的根源所在，而欺骗只是一种表面现象，是更深层次问题的明显表现罢了。想要根治不忠，就必须在一团乱麻之中找出治标又治本的综合办法，就像治疗一位吸食海洛因成瘾的人时，要把注射美沙酮作为治疗计划的一小部分一样。不过，无论是根治不忠，还是吸毒成瘾，都必须记住要把最大份额的精力放在问题的源头上。

抱有这种想法的人往往会告诉自己，如果人们谈论婚姻中的不忠行为时只把目光放在肉体出轨上，就像无视森林中的树木似的，所以千万不要只看到出轨的表象。是的，不忠和背叛确实不应该在婚后出现，这很伤人，也无法长久（不排除有时还挺美好），但是一味地责怪和自责是没用的，说到底，背叛的那方也是受过伤的——不是在出轨时，而是在一开始受到了某方面的“机体功能紊乱”的伤害，因此才想找一段外遇。那么，我们是不是应该分一些同情心给这些人呢？

我的婚外情是回馈给另一半的礼物

我了解到有这么一大类出轨者的出轨原因是，他们隐约感觉自己的配偶已经出轨了。因此出轨的理由很简单：我就是为了回报他。在这种婚姻关系中，那些首先出轨的人往往以为自己对另一半太宽宏大量了，这就好像在商务旅行途中发给配偶们一张出轨的自由通行证，或者对他 / 她跟危险分子们调情睁一只眼闭一只眼。更重要的是，这张自由通行证似乎没有截止日期：我曾见过结婚后 20 年还在使用它的例子。

“自由通行”制度有时是口头定下的，但更常见的是双方心照不宣。偶尔一次的自由通行想法往往在一瞬间迸发，尤其是当绝佳的出轨时机自己找上门来时，夫妻双方中的某个人（也有可能一直保持忠诚）就会偷着乐了：好了，这次轮到我了。

不论在什么情况下出轨，如果这种回馈给另一半的礼物一点儿都不想让兑换人签收，那么我丝毫不会感到惊讶。第一次出轨留下的异尘令人余生都陷入痛苦中，对婚姻产生巨大的破坏，更别提回馈性的出轨了，这种事简直无法令人忍受。回馈性的出轨，更多地揭示了一段婚姻中隐藏着的双方在内疚感和怨恨心理上的不平衡。

婚外情只关乎性，不关乎爱情

有些人把性爱当作一种解决婚姻问题的方式，并对这种方式特别上瘾，他们需要某种东西为他们缓解焦虑紧张的心情，否则没办法继续正常的生活。因此，他们并不会赋予性爱深层次的意义，更不会觉得偶尔偷欢一次会带来灾难性的后果，即使他们心里知道，这样的行为造成的主要危害之一就是让夫妻关系破裂。这种人只是觉得一次不关乎爱情的性爱不会给另一半带来如此大的威胁。别忘了，这只是一次跟爱情无关的交欢，性爱跟爱情是两种完全不相干的事情。但是，这两者有着千丝万缕的联系，难道不是吗？

性瘾也许能很好地解释某些夫妻之间存在的突发情况（如果婚后怎么怎么样了……）。一对夫妻在结婚前也许会琢磨，如果两人中的其中一方变成了残疾人、卧病在床或罹患痴呆症，但是另一方依旧身体健康，日复一日地照料着患病的那方怎么办？那会发生什么？那个肩负照料责任的人怎么办？他 / 她再也没办法跟自己的爱人做爱了。他/她是否被允许，甚至被鼓励到别处寻求满足自己性需求的人，同时又对自己躺在床上的爱人忠贞不渝呢？我想，任何一对心胸宽广的夫妇都会给出肯定的答案。

因此，将性跟爱混在一起的人只是把“不能”再发生性关系的配偶简单粗暴地等同于“不想”发生性关系的配偶，难道这两者从根本上说是一回事吗？

这种说法根本就是一种自我麻痹。认为婚外情只关乎性的人觉得伴侣能够在思想上与自己完全同步，并且重视爱情多过性爱，还得认为比起夫妻双方共同经营的爱情，周围的莺莺燕燕都不值一提。当诸如此类的“正当理由”以一种道歉的口吻表达出来时，会间接传达给伴侣这样的信息：如果你愿意多跟我上床，我就不会到别处去寻求安慰了。

婚外情只关乎异性相吸，不关乎性

还有一些人的出轨行为跟肉体无关，他们认为肉体出轨是一种俗气无聊的杂耍行为。这种人怀念的只是一种被关爱的感觉：一个愿意深情注视自己的人、永远不会忽视自己的人，一个跟自己完全合拍的人，一个真正聆听自己、关心自己的人。

性爱的确令人愉悦，但是出轨者需要找一些其他借口跟自己的小情人们外出幽会，因此在他们口中，两个人一起骑自行车、看电影或者干点儿其他什么事也变得很有趣了。比起上述的几件事，性爱太复杂了，它只是作为所有“有趣的事”的其中之一，而且顺其自然地发生了，就这么简单。

坚持这种想法的人假定，与跟别人在外面偷情相比，伴侣们应该更重视已经忽视自己的现实。由此，性爱的地位大大下降。和第六条一样，当这个“正当理由”以一种道歉的口吻表达出来时，会间接传达给伴侣这样的信息：如果你更关心我，我就不会到别处寻求安慰了（也不会跟别人上床了）。

婚外情是婚姻的“安全警钟”

之前的七条合理化理由都指引着婚姻向婚外情的道路上发展，但是婚姻中有些问题是婚外情解决不了的，它们像一条鸿沟似的横亘在夫妻之间，如果你不去解决它，就永远难以逾越。这第八条则为婚姻提供了一个扯掉遮羞布的机会，迫使长期不和的夫妻最终选择分手。除却婚外情不谈，对于依然有感情，依然可以幸福地生活在一起的夫妻来说，这有可能是他们婚姻的转折点，一旦坦白了婚外情的存在，双方会因为无法忍受背叛而劳燕分飞。他们再也无法重建昔日的信任之桥，这一切都太痛苦了。

爱得越深，爱情带来的伤害就越深。人们年轻的时候，总会告诉自己绝不能在婚姻里做受气包，如果感到自己被欺骗了，就要决绝地结束这段关系。许多人实际上也这样做了。

当一段婚姻真的坠入了万丈深渊，躺在崖底的夫妻突然意识到其实自己本可以不追随老套的剧本剧情。如果他们不想离婚，那就不离婚，尽管婚姻出现了裂痕，两人仍然可以共同努力弥补那一条缺失的裂缝。他们不必忍受内心的内疚、怨恨还有不平衡，也不必强加给自己老实本分的伴侣一张“婚姻自由通行证”。一切都可以破镜重圆。

比起夫妻双方用理智成熟的态度对未来作出的承诺和期许，婚礼上的宣誓更像是一种盲目的跟风程序。婚誓给人的感觉就像，如果任何一方在日后觉得被束缚、无法继续携手前进，如果任何一方感觉在这段婚姻中找不到幸福的感觉，那么请立刻大声说出来，配偶们应该共同找出解决问题的办法，而不是偷偷地或因一时冲动借助婚外情发泄内心的不满。对许多出现问题的夫妇来说，这样的协议可以让无可救药的婚姻大不一样。

20 年前，朱迪刚刚结婚。她不敢想如果在婚后发现丈夫私底下做出不忠的行为，自己会作何反应。有一天晚上，她和几个同是新婚的女性朋友在饭桌旁讨论着大家最关心的话题：如果你的丈夫出轨了，你会怎么做？

大多数人怒气冲冲地表达了一致的观点。

一个人说，如果她的丈夫胆敢和别人上床，她就立刻离婚，绝不耽搁一秒钟。

另一个人宣称，她再也不会相信自己的丈夫了。只要这样的事发生过一次，每当丈夫出差或外出的时候她都会怀疑他是不是又出去偷情，她根本没办法继续正常的生活了。

轮到朱迪的时候，她说："如果只是一夜情、商务旅行期间的一夜放纵，或者在一次全场烂醉的同事聚会过后，我想我能原谅他一次。但如果他骗了我好多年，试图隐藏他的婚外恋，对不起，我永远也不会原谅他。"

这件事真的发生了。10 年后，朱迪的丈夫向她坦白说自己跟一位酒吧的女招待保持了一年的婚外情，最近那个女人提出了分手，这让朱迪的丈夫非常伤心，他没办法掩饰内心的悲痛。之所以鼓足勇气向朱迪坦白，一是因为他真的需要一位聆听者；二是因为在他心里，朱迪一直是最亲近的人。

当一瞬间冲击带来的痛苦慢慢减轻，朱迪开始同情她的丈夫。尽管他用朱迪能想到的最糟糕的方式欺骗了她，10 年前的那场噩梦在现实中真实上演了，但是除非身临其境，否则我们不知道自己到底会作何反应，也不知道究竟会如何处理它。

令人惊讶的是，当婚外情被揭发，大多数家庭的生活还在继续。就像家中有人过世一样，悲剧过后，太阳照常升起。人们继续开车上班，继续清洗水池里的脏盘子，继续遛狗。日复一日，人们试图从这些机械重复的动作中寻求安慰，试图从“一丈之内的夫”那里寻求安慰。更多的是，人们不想因为一段婚外情就清除了夫妻二人十几年来辛辛苦苦建立的小家庭。他们常常冒出“应该离婚”的念头，但是心里不舍得。

如果夫妻双方此时能够珍惜心中仅存的一丝不舍，那么他们今后的生活可能会慢慢走上正轨，甚至比原来更好。站在两个孩子的角度上考虑，朱迪和丈夫不想因为一时的贸然冲动而做出令双方后悔、同时又伤害孩子们的行为。为了抚平伤痛，他们决定搬到另一个地方，迫使一切重新开始，也迫使夫妻二人重新携手找寻新的幸福。

在接下来的 10 年里，朱迪和丈夫各自找了一份新的工作，尽心抚养着孩子们，走遍了世界各地，也在这 10 年里学会了如何重新爱对方和尊重对方。这些年来，他们一起经历了风风雨雨，为孩子们营造了健康的成长环境。不过，最终他们还是结束了长达 22 年的婚姻，带着满心的感激开始了各自的新生活。

第9讲

也许有时我们的爱情恰好踩在了
道德的灰色地带，
如何选择变成了拷问
我们心灵的一道难题。

爱情所不能承受之重

Exploring Life's Most Mystifying Subject
(with the Help of 50,000 Strangers)

如果关于指导你如何寻爱需要一个小测验，那么关于指导你如何使爱情保鲜就需要做个正式的测试了。其中最主要的就献身测试。你以前听说过这种测试吗?

爱情献身测试就是向你现有的恋爱关系发起挑战，这种挑战跟夫妻间的小打小闹不一样。小打小闹与“无论疾病还是健康，无论贫穷还是富有”（你还记得自己信誓旦旦说过的话吗）的庄严婚誓一样，透露出满满的幸福。如果你在亲戚朋友面前讲起它们，也许人们会向你投来祝福的微笑。

传统模式的测试往往会在一开始让你处理一些诸如“你的另一半生命垂危”等涉及严重健康问题的事情，但这种事情只有到了婚姻中后期才有可能发生，这就是为什么大多数人在恋爱初期找不到合适的献身测试的原因。不过，一份有效的献身测试应该对任何人、任何阶段都适用：不管是面对突如其来的癌症、创伤性脑损伤、抑郁症，还是任何没有预警的突发情况。

处理上述这些突发情况的“正确选择”通常是显而易见的，尽管这个“正确选择”做起来很困难：坚定地站在伴侣身边，对他 / 她施以援手。这是你的良心告诉自己该做的，也是别人眼中期待你做的。你不应该和妻子离婚，因为她正接受放疗和化疗；你不应该通过 Skype 告诉自己正在服役的丈夫因为你忍受不了长期的异地相思之苦，决定跟其他人约会。

不是所有的献身测试都与清晰明确的道德性捆绑在一起。最具挑战的献身测试往往涉及了人类认知的灰色地带，在这种情况下，你不知道怎么做是对的、哪种选择是最好的、在不损害自己的利益下应该作出多少贡献——如果什么都不做，朋友和家人就会对你指指点点。

接下来我要分享的两个故事都踩在了道德的灰色地带，这两个故事中主人公的遭遇可能在生活中并不常见，但故事中蕴涵的复杂感情和主人公们做出的选择却是非常普遍的。

我将把每个故事分成三个阶段叙述。首先我会提出每个故事的中心问题，请你思考如果你是故事的主角你会如何处理。其次，我会慢慢增加更多的故事细节，希望这些细节能够帮助你做出最后的决策。最后，我将完整地为你展示故事的主角们到底有着怎样的结局。

凯丽的难题

凯丽爱上了一个名叫西奥的男人，他们俩约了几次会之后，西奥坦白自己 HIV 呈阳性。如果你是凯丽，你会在得知这个爆炸新闻后继续跟西奥约会吗？

□会

□不会

□我需要继续往下看

戴安娜的难题

戴安娜结婚后不久，她的丈夫向她承认说感觉自己更像是一个女人，他想改变自己的性别。如果你是戴安娜，你会接受他的性别转换吗？在这之后，如果他想继续保持婚姻关系，你会同意吗？

□同意

□不同意

□我需要继续往下看

如果你对每个问题的回答都是“我需要继续往下看”，干得漂亮！这说明你懂得全方位地考虑爱情,而不是对爱情泛泛而谈。现在，你通过了第一阶段的道德测试。接下来，让我们给这些故事增添一些真实的小细节，看看你的选择会发生什么变化。

凯丽的顾虑

当凯丽遇到西奥的时候，她 19 岁，他 42 岁（23 岁的年龄差？这让事情变得更糟了）。西奥离过一次婚，有一个十几岁的女儿，而且正处在戒酒戒毒的恢复期。12 年前西奥由于跟一位患有艾滋病的朋友共用了一个针管而感染了艾滋病毒（哦，天哪！不是吧）。当医生把这个消息告诉西奥的时候——那时西奥跟凯丽还不认识，医生说西奥能够维持一段长期寿命的概率几乎为零（好吧，真是够了）。

别慌，这些出格的行为都是十几年前的事儿了。当凯丽和西奥相遇的时候，西奥浑身散发着健康和快乐的光辉，丝毫看不出他是个重症病人，也看不出他的免疫系统有损伤，他会定期参加 AA 会议（互诫协会网络会议），把自己的生活照料得井井有条，而且正服用各种处方药来抑制体内的癌症病毒，这使他得以维持正常的生活。

西奥的女儿跟妈妈生活在一起，完全不用担心。

作为一位景观设计师，西奥有抱负，有才华，头脑很聪明，而且充满了成熟男人独有的磁场，他身上的每一点对凯丽来说都有着致命的吸引力。

现在你怎么想呢？如果你是凯丽你会大胆接受这份感情吗？你会跟西奥结婚吗？

□接受

□放弃

□仍然拿不定主意。他们最后怎么样了？

戴安娜的顾虑

戴安娜和丈夫认识的时候两人都是40出头，这段婚姻是他们彼此的第一段婚姻，而且两人以前也没生过孩子。实际上，当他们俩还在约会时，戴安娜的丈夫就已经坦白过自己在性爱方面非常困惑，一直以来他都对自己的男性身份有着深深的矛盾心理，但是这么多年一直相安无事地熬过来了。戴安娜不喜欢大男子主义的人，她恰恰是被他那高瘦的身材、透蓝的双眸、精明的头脑和一颗对万事万物充满怜悯的心所吸引的。

结婚后，他告诉了戴安娜自己内心的真实想法——他想变性。得知这个消息后的戴安娜非常沮丧，同时也认真考虑了他的提议。在她20岁左右时曾和一个女人同居过一段时间，这段女同性恋史保证了她完全可以接受女人。但她担心在这种情况下会重新丢失一段正常的男女异性恋关系。

不过，他在结婚前一直强调自己可以保持男性身份，对于这种“诱导转向法”，戴安娜表示自己并不会责怪，因为她不希望他自己骗自己。而且，他向戴安娜解释说，他从她身上找到了安全感和信任感（有点儿讽刺啊），这两种感觉促使他向她承认自己有性别障碍，承认自己需要找到一种做回真正的自己的方法。换句话说，除非他确定了戴安娜对自己的真心，否则他没有勇气面对事实。

只要接受几个月的激素治疗，再通过手术，戴安娜的丈夫就能够成功完成对脸部和胸部的改造，但是他的本质不会变，又或者这只是戴安娜自己的假设。变性之后，那个昔日的爱人还会爱自己吗？他向她做出了保证。尽管即将面对未知的危险与困境，他还是做出了承诺：在成为“她”之后，“她”还会继续爱戴安娜。至少“她”想试试看。

如果你是戴安娜，你会不会给自己的丈夫一次机会？

如果你是戴安娜，你会说些什么？会不会继续保持夫妻关系呢？

□会。
□不会，申请离婚。
□仍然拿不定主意，他们后来怎么样了？

如果你还是拿不定主意，在我看来这是个很好的现象。事实上，只有当我们身处其境，只有真正跟一位 HIV 阳性的爱人坐在同一辆车里紧握双手，只有真正跟一位纠结于变性的爱人在桌子旁共同商讨，只有真正静下心来处理生活中的突发事件，才知道自己究竟会作何反应。爱是世间最伟大的事情之一，它就在我们身边。它与假设和猜想无关，爱情是那么赤裸裸，是那么隐秘与私人，以至于当人们试着去假设这种“如果是我，我会怎么办”的问题时，常常低估了自己的爱与被爱的能力。如果真的遇上了爱情的难题，或许人们会从中学会如何去成长、去适应、去更好地相爱。虽然在一切发生之前，你可能会觉得自己绝没可能会做出这种选择，但当你真的遇上了突如其来的情况时，你也许会顺其自然地找到解决问题的方法。人类是一种比想象中的自己更坚强的物种，或许人类比自己想象中更加依恋爱情。

至于这两对夫妻在现实中到底有着怎样的故事结尾，我想是时候给出答案了。

凯丽的决定

说实话，当凯丽初遇西奥的时候，她不得不承认“他真是史上最糟糕的男朋友”。凯丽的母亲更是对西奥大吃一惊，她也认为这个男人是个不折不扣的垃圾情人。凯丽的母亲因为女儿做出的选择而彻夜难眠，甚至还写信威胁凯丽不准再跟西奥交往。“难道你就不能再找一个吗？”凯丽的母亲大为恼火，“除了他，随便哪个男人都行！”

凯丽不想另觅夫婿，她一心只喜欢西奥。所以，尽管西奥呈 HIV 阳性，她仍旧选择和他在一起。他们尝试进行了几次有安全措施的性行为，并且发现只要做好保护措施，性爱完全不是难题。凯丽和西奥的感情日益深厚，在进行了 6 年的爱情长跑之后，他们俩决定步入婚姻殿堂。不过这都是 20 多年前的事儿了。

结婚多年以来，他们俩遭受过很多毁灭性的打击，其中最令人痛心的就是西奥的女儿先一步离开了世界（那时她一个人抚养着两个孩子），她去世时只有 30 多岁，白血病夺走了这条年轻的生命。但凯丽和西奥的小日子却过得红红火火，他们深爱着对方，而且凯丽也从未染上艾滋病。凯丽的母亲也慢慢转变了对西奥的态度，她开始尊重西奥，之前她对他的猜忌和怀疑的态度也早已烟消云散。

然而，命运的安排总是出人意料，这个勇敢的、忠诚的、决定嫁给一位罹患艾滋病男人（医生已经给他下了死亡通知书，但是凯丽认为能在他去世之前一直陪着他也很幸福）的女人，却在 37 岁时被查出患有乳腺癌，而且已经到了中晚期。

凯丽所患的乳腺癌已经扩散到了淋巴结，她预料到自己的未来会充斥着化疗、医疗保险、病痛的噩梦还有家人日日夜夜的床边照料，这些都是癌症的例行程序。她也曾设想过自己有一天会在病床边守着她的爱人西奥，不过恰恰相反，她的丈夫一位 HIV 阳性的 59 岁中年大叔，却成了那个坐在床边守护着自己今生挚爱的人，同时也守护着爱情、亲情与希望。

戴安娜的决定

戴安娜本打算全程观摩丈夫的变性手术，但是当那一天真正来临的时候，她却犹豫了起来，要不要开车把他送到医院呢？戴安娜一直纠结于这个问题。外科医生会在他的脸上雕刻出更多女性的特征：高挑的眉毛，一张樱桃小嘴，小巧挺拔的鼻子，还有尖尖的下巴。

其实之前注射的雌性激素已经开始改变他的外貌了，他的脸变小了，脸部线条也慢慢变得像女人那样柔和。但是手术的那天仍然是最最关键的大日子。对戴安娜来说，这意味着开始承认她的另一半变成了一个女人。虽然主刀医师已经开始要求戴安娜在日常生活中用女性代词称呼自己的“丈夫”，但是她做不到。手术的那天早上她还在医院里用“老公”“他”“他的”之类的短语说话，而到了下午，她就必须开始学会使用“老婆”“她”以及“她的”了。

最终，戴安娜还是开车把丈夫送到了医院。从家到医院的这段路上戴安娜无比紧张气愤，她甚至还在出门前骂了一顿自己的丈夫，因为他出门时喝了一小口水，医生嘱咐过术前绝不能进食或者饮水。

喝水之后，他表现得非常局促不安，甚至有一点儿小小的抱歉。他反复向戴安娜诉说着内心的歉疚，因为他知道自己变性的大胆选择对她来说意味着太多了。当戴安娜推着他，快要进手术室的时候，他的情绪突然崩溃了：“我真的很抱歉，给你带来了那么大的痛苦。”

她紧握着他的双手，默默流下了眼泪。

“我很清楚自己为什么这么做，”他说，“只是这对我们俩来说都太疯狂了不是吗？”

戴安娜让他放宽心，她用诚恳的语气告诉他“你有选择做自己的权利”，还激励他将精神与勇气都集中在即将面临的变性手术上。

然后，他就这么被推进手术室了。

几个小时后，“他”带着全新的身份被推了出来，不过戴安娜认为这只是第一轮手术。

有时戴安娜会想，如果她的丈夫不曾出现在自己的生命中，日子会变成怎样的光景？“估计我的生活会很轻松吧，”她想，“不过，也一定很没意思。”

现在“她”需要一个新的名字了，而且各种证件上的名字都必须改成现在的新名字，这是个既麻烦又尴尬的过程。几个月后，“她”还需要接受另外几项手术，首先割掉那块“亚当的苹果”，其次给乳房填充硅胶，女性生殖器的再造手术也紧跟其后，这些手术都完成后，戴安娜和“丈夫”的关系即将彻底转变为一段同性恋关系。

总而言之，戴安娜和“她”早就在几年前通过了这项有关变性的道德测试，如今的她们身披七色彩虹的光辉，依然幸福地生活在一起。

怀旧

当我们在生活中面临着一个艰难选择或者健康危机时，总是希望愁云尽快消散，这很容易理解。人类有着趋利避害的本能，我们渴望回归到过去正常的生活中去，努力驱赶着漫天密布的忧愁，并且希望快乐和健康的日子赶紧到来，结束一切烦恼。不过一旦未来变得稳定和光明，我们往往又会回头细数曾经的艰难险阻，那种温暖、怀旧的感觉总是能给人带来惊人的力量。

马克在年轻时就遭遇过人生低谷的考验。那时他和妻子茱莉娅只有 27 岁，两人刚刚结婚三年，不幸的是茱莉娅因为某一件事而精神崩溃，继而患上了抑郁症，她不得不服用大量的镇静剂以控制混乱的人格精神状态。在那段时间里，马克和茱莉娅的生活节奏放慢了很多，家人必须花费大量时间治愈茱莉娅的抑郁症。马克不得不缩短自己工作上的时间安排，好腾出时间和精力照顾自己的妻子。

虽然药物减轻了茱莉娅的痛苦，使她渐渐淡忘了悲痛的回忆，但是在马克与她聊天时她还是会经常说起有关死亡的话题。比如茱莉亚曾经抛给马克的这样一个问题："如果一个人自杀了，他还能得到一场体面的葬礼吗？"

马克告诉她不要考虑这样的问题，因为她不会选择自杀。

"也许我会呢。"茱莉娅说。

"这件事没有也许。"马克斩钉截铁地说道。

"你们总有一天会知道。"

通常情况下，当茱莉娅谈到这个问题的时候总会做一个甜甜的大大的微笑，像马上就能得到冰激凌的孩童那样，满脸洋溢着预期的幸福，似乎在心里已经做好自杀的打算似的，这样的表情总是把马克吓得半死。

每当这时，马克唯一能做的就是紧紧抱着茱莉娅，看着她的双眼，认真地对她诉说自己和家人有多爱她。有时他们俩这种关于死亡的谈话会持续好几个小时，当茱莉娅慢慢恢复状态，她会向马克表示内心的感激，她一直告诉马克能有他陪在身边是多么幸福，他的存在对她来说意味着太多了，马克对茱莉娅的爱拯救了她几乎快要崩塌了的世界。

最终在马克的帮助下，那个昔日的茱莉娅又回来了。她现在已经停止用药了，他们的生活也恢复了正常。然而，尽管走出黑暗、走向完整健康生活的两人是幸福快乐的，马克却发现，比起从前那段与疾病抗争的日子，他们日复一日的生活变得肤浅和无聊了。几年前的黑暗时期固然可怕，但那时他们之间有着精神上的深度联结，在那段时间里马克尽他所能让茱莉娅保持开心，避免她胡思乱想，这些事情放今天回想起来依然是无比浪漫和令人兴奋的。他们俩依旧会谈论着往日的爱情和生活，谈论着那时的他们对彼此来说是多么重要，多么为对方着想。而现在的他们跟万千忙碌的小夫妻一样，日常琐碎被工作、账单充斥得满满当当，根本抽不出一丝空闲时间，而谈话内容也变成了毫无营养的小事以及喋喋不休的争论。

他们中的一方会说："今天是我做的晚饭，所以你能洗盘子吗？"

另一个回应："我今天洗了衣服还把它们都收拾好了，所以我拒绝洗盘子。"

追忆困难时期的亲密关系对夫妻两人来说是一种很常见的现象，至少我看过的几百个爱情故事都是如此。没有人想重温感情创伤时期的可怕诊断治疗或难捱的肉体折磨，大部分人怀念的都是绽放在黑暗不幸之中的爱情之花，这朵花承载了夫妻间的深厚感情、互相鼓励和互相扶持。他们认为正是凭借夫妻双方的共同努力熬过黑暗，才塑造了一个更好的自己。不过，你不能因此假装给生活人为地来一道献身测试题，即使你觉得重重考验可能会缓和当下尴尬的夫妻关系。另外，鉴于生活中总是充满了代付账单和迫在眉睫的信用还款，因此人们可能无论如何都没时间尝试接受一段婚姻献身测试的考验。

你可能会有疑问

人们经常说，我们无法掌控事件的到来与发展，但我们可以掌控自己的态度。我们应对问题的态度决定了每个人不一样的性格，我们面对问题的第一反应也揭示了我们心底最关心的是什么。考虑到这一点，让我们来看最后一个关于献身测试的故事。

假设你的另一半遭受了一场严重的车祸，你接到医生从医院打来的通知电话，电话那头是你尚处于清醒状态的另一半。虽然你的爱人脱离了危险，但是受伤很严重。现在你可以在电话里问一个关于目前情况的问题，你会问什么？

现实中，这个故事的主人翁是小马丁尼·朗，他和妻子琳达共同生活在纳什维尔，曾获得格莱美音乐奖最佳歌手和最佳创作人的提名。近几十年来，也许你听过不少他为瑞芭·麦肯泰尔、特丽莎·耶尔伍德、杰瑞·李·刘易斯，甚至为猫王写的歌，也许你听说过他为“崩溃小子”比利克拉多克写的第一首乡村歌曲《Rub It In》，它被改编成了强生公司插电版空气清新剂的广告词（插上它，插上它，插插）。也许你在很多个瞬间都听过他创作的音乐，只是你不知道他罢了。

无论在家庭方面还是事业方面，朗先生无疑是一位成功人士。他和妻子琳达的婚姻已经超过了40年，有3个儿子，如今也都已长大成人。虽然他和妻子长期定居在田纳西州，但他们在罗德岛岸边还有一套海景房，每个夏天他们都会去那里避暑，从3个男孩小的时候就一直延续着这样的家庭传统，几十年来从未变过。

20年前，当最小的孩子15岁时，朗先生一家开着两辆车前往罗德岛进行一年一度的家庭出游。琳达独自开着一辆车载着3个儿子，小马丁尼开着另一辆车紧随其后，但是刚上路不久，郎先生的车出了点儿毛病，于是不得不开下高速，去诺克斯维尔城找一个汽车服务站接受检修。

得知维修时间不会持续太长后，琳达建议她先带着儿子们上路，随后和小马丁尼在宾夕法尼亚州艾伦镇的一间旅馆会合。

琳达走的时候，郎先生觉得穿着白蓝相间纱裙的她是那样美丽动人。在后来的日子里他总是能很清楚地记起这个离别的瞬间，因为这是最后一次他看见她走路的样子。当他们分别的时候，她冲他喊道“几个小时后见，亲爱的”，然后给了他一个吻。

那天傍晚，当郎先生重新回到高速的时候，恰巧碰上了高速堵车。夜幕已经降临，他的内心十分烦躁。开了这么长时间的车本就已经够让人筋疲力尽了，长长的车龙看上去没有尽头，几乎每个方向上的车都停了下来，除了几辆在公路边缘慢慢挪向出口的车，这些人看样子是想碰碰运气。

郎先生也决定碰碰运气，他沿着辅路迅速移动着，很快便看到了交通堵塞的原因。原来前方发生了一起交通事故，几辆闪烁着刺眼蓝灯的救护车嗡嗡轰鸣，地上散落着七零八落的金属碎片，现场一片血肉模糊。当他开过事故现场的时候，他跟警戒线的距离几乎不超过 30 米。郎先生在心底暗自庆幸，还好琳达和儿子们早早离开了维修站，没有碰上这么严重的塞车。

后来，朗先生决定预定一顿晚餐，他给旅馆打了一个付费电话，打算向琳达汇报一下自己的现状，并告诉她自己可能会很晚才能到达。但是当他要求接线马丁尼一家的房间时，却被告知还有人正试图接线马丁尼的房间，电话是从赫胥医院打来的。

郎先生的头一下子就炸了，他赶紧询问了医院的电话然后拨了过去。很快，医院的一名牧师告诉他，他的妻子和儿子们都在医院里，他们卷入了一起交通事故。没错儿，就是刚才遇到的那起事故。

当郎先生询问自己妻子和儿子的情况是否安好时，牧师把电话转交给了一位医生。

“您的儿子们没什么大碍，”医生回答，“但是您妻子的情况不太好，甚至可以说很糟糕。”

现在的朗先生握着跟医生通话的手机，充满了对未知情况的恐惧。他不知道琳达的受伤严重程度，只知道情况很糟糕。今后的日子怎么办？有没有办法让一切回到原来那样？如果你对自己的另一半足够用心，如果很不幸你也面临了这样的情况，你可能会问医生这样的问题。你会第一时间想到对于夫妻关系来说什么才是最重要的，什么才是一段爱情的核心，你会像郎先生那样，问："她还能思考吗？"

"是的，"医生说，"她的大脑完好无损。"

得到这样的回复，朗先生松了一口气，只要她大脑完好无损，他就能扛起这一切。不管情况多么糟糕，不管琳达伤得多么严重，不管康复的过程有多复杂，不管未来充满了怎样的艰难险阻，他只知道，只要头部没有受到冲击，病床上躺着的依然是那个自己所爱的女人。"只要大脑没事就好，我们会没事的。"

他们确实也熬过去了。

比熬过黑暗更幸运的是，朗先生和妻子琳达的关系变得更加亲密了，在朗先生的帮助下，琳达坐着轮椅走过了比马拉松还长三倍的路程，他们攀登过托斯卡纳山，一起在爱尔兰的小酒吧里畅饮，游历了巴黎、圣弗朗西斯科还有迈阿密，更不用说去芬威球场加入了红袜队的棒球比赛。朗先生还设法为琳达定制了一个配备有浮动装置和宽厚充气轮胎的草坪椅，这使得双腿无法动弹的琳达在沙地和水上游刃有余，还能继续她最爱的水上漂移。

朗先生和琳达明白，巨大的损失并不意味着失去丰富多彩的生活，更重要的是，他们了解到，在这样的情况下，把生活过成什么样取决于他们个人的选择，他们有这样的权利。他们做出了选择，并为之付出了努力。"我们太渴望这样的生活了，"朗先生解释说，"我们也太热爱现在的生活了。"

第10讲

我们依然被困在
爱情的迷宫找不到出口，
跟五百年前的莎士比亚并无二致。

爱是一见钟情，还是日久生情

Exploring Life's Most Mystifying Subject
(with the Help of 50,000 Strangers)

我在这本书的开头问的最后一个问题是：你认为爱情是一见钟情还是日久生情？和所有的爱情小测验一样，我问得很模糊，因为我自己也不知道答案。而现在，这本书已经写到了第十讲，我却依旧不知道答案。只能说，视情况而定。

我问了凯西。

“浪漫的爱情是一见钟情，”凯西连眼睛都不眨，“但是婚姻大概是日久生情吧。”

哎呀，谢谢凯西给出了明确的答案。

“嗯，话说回来，”她又接着说，“看情况吧。”

“看什么情况！？”

这使我们俩展开了一段关于一见钟情与日久生情的激烈辩论，持续一个半小时后还没分出高下。当我和凯西讨论这个话题时，我们俩正在一间小超市里闲逛，她把这个问题抛给了几个陌生人（“他正在写一本有关爱情的书，我们想问你……”）。由此，我们的谈话吸引了几位陌生人的加入，而我对此感到有点儿不自在。

唉，我们讨论的问题是这么不引人注意，最终我都快忘了它了。

这就是最大的问题所在，这个问题本身非常有价值，值得人们静下来好好思考，而且你最终一定会有很多心得体会，但是当你和别人谈起来的时候，一切都显得很肤浅。其实也不完全是这样。听别人阐述“爱情是一见钟情”往往围绕着很肤浅的几点展开，而听别人磕磕巴巴地解释“爱情是日久生情”时却总能让我感到激动和受到鼓舞。

无论如何，我都觉得自己需要投入一个更加广泛的平台，不能仅局限于和凯西的交流（当然了，凯西是非常聪明的），随机问一问购物者们也许是个不错的方法。所以我开始潜心对这个话题进行调查研究。我看了大量的爱情文章，我读了一本又一本完整的爱情论，我上网查阅了浩如烟海的资料，浏览了一个又一个网络论坛，不管你信不信，我只是为了搞清楚一个问题：爱情到底是一见钟情多一些，还是日久生情多一些？

一位名叫“茉莉公主”的人在某个爱情论坛这样说道：“爱情是大脑中复杂的化学反应，随着时间的推移，它会在双方之间建立起一个认知参照的桥梁（原文如此），一个关于繁衍子孙和传宗接代的桥梁。”

啊，我明白了。

“两个人的相识取决于第一眼，”“里姆68”插话道，“相知取决于两个人之间是否相互感兴趣，相伴则取决于一种叫‘爱情’的东西。”

这引起了“芭比女孩”的不满：“你这是在比较苹果和橘子的区别。”

“里姆68”又打趣地说：“要是我认定对方是我的百分百女孩，一见钟情和日久生情就都不重要了。”

最后，一个叫“镜子镜子”的人加入了争辩，还在自己的观点里加上了表情符号：“☺爱情是一种感觉，但是你可以选择自己的感觉☺。”

“我同意。”“滑稽的闲聊傻子”表达了对“镜子镜子”的认同。

问题得出结论了吗？显然，没有。

“我选择我所有的感情，”“云拥抱”站了出来，“我可以控制我的感情，我选择随时打开、关上爱情闸门，就像拿着一个手电筒，开开关关。受不了我的人可以选择离开。”

“我们可以选择我们喜欢的人，”“GJ情人”说道，“人们之所以不选择那些对我们释放费洛蒙诱导素的人，正是因为在这场游戏中人们分得清每个人的角色。”

“GJ 情人”的话意味着什么？把它转变成简单易懂的话就是（跟凯西的观点不同）：我们选择我们真正爱的人，而不是我们肉体上渴望的人。

不过，让每个人都分清楚自己在爱情游戏中的角色似乎不是什么难事。人们都知道自己的爱人和肉体渴望的人有着怎样的区别，不过要想找一个既深爱又渴望肉体的人，同时还得让这个人对我们有着相同的感觉，难度就大大增加了。因为有些人对自己的爱的人提不起性趣，还有些人深知能让自己提起性趣的人绝不可能跟自己厮守。这种问题永远找不到答案，也无法理解。

不过，让我们先回到“GJ 情人”的观点上：他提到的“费洛蒙诱导素”（又名“信息素”）诱导欲望，这种说法放在动物身上似乎比放在人类身上更加合适，特别是对于啮齿类动物来说。雄性啮齿类动物一旦通过雌性化学分泌物（比如尿液和汗液）的气味意识到附近有同类雌性存在，便会疯狂地激发出体内的原始欲望。拿狗类做个例子吧，母狗往往会通过释放强大的气味标记来吸引公狗与自己进行繁殖交配，而通常情况下很快就会有一只公狗上钩。

人类男性跟啮齿动物有着相似的性冲动。这一理念听起来似乎很合理的（如果是这样，那么任何由男性发出的奇怪的求偶行为就都说得通了），但科学家认为，这还不是寻找伴侣的终极方法。科学家们检测了女人的汗水和尿液，并没有发现其中存在着激发男人欲望的信息素。虽然女性的体液中含有微量信息素，但它的量还不足以用作爱情魔药的主要成分。一个女人尿液的味道还不至于让一个男人疯狂地迷恋吧，即使她刚刚吃过可以用作春药的芦笋，但芦笋之所以可以用作春药是因为其中含有维生素和叶酸，并不是因为女人吃了它之后可以尿出浓度较高的尿液。

科学家们又猜测，也许男性才是释放出信息素吸引女性为之疯狂的那方？为了验证这一观点，研究人员对女性采取了汗液试验。他们让女性尝试嗅闻未曾洗过的、带有刺鼻汗味的男式 T 恤。在这一实验中，他们发现，女性们被汗味所吸引的可能性有以下两种：第一，这种恶臭让她们想起了自己的父亲（女儿真是父亲的贴心小棉袄）；第二，这位男性和这位女性恰巧有着和谐互补的免疫系统，这预示着他们的后代身体会非常健康。

显然，这就是我们调查出来的结果了。在试图解开爱情和欲望的道路上，我们已经调查了具有色情含义的芦笋、尿液和腋下汗臭，人类对爱情秘密的痴迷程度可谓到达了一个莫测的境界，我们想尽了一切办法，也已经翻越了很多座大山。

你也许会想，我们可能应该不去理会神秘的爱情，让它孤零零地待在角落里（我确实这样想过），也许我们应该把更多的精力投入到学会珍惜一个人和与人为善之上，而不是在实验室里闻一件脏衣服，记录下每个实验对象对臭味的独特偏好。然而我们做不到，我们没办法对爱情置之不理，因为我们不顾一切地想为我们爱的人付出更好的爱。

“更上一层楼”是人类千百年来一直努力在做的事情。有些人认为，积极进取正是区分人和动物的关键所在。例如，我们崇拜帝企鹅坚毅的性格，雄性帝企鹅可以顶着狂风，忍受着严寒，坐在企鹅蛋上一动不动，年复一年，即使它们在南极凛冽的寒风中摇摇晃晃几乎快要支撑不住。如果我们的父辈也被要求坐在蛋上一动不动地维持两个月，我敢打赌，他们在 5 分钟之内就会弄清楚一颗蛋的孵化需要多少度的恒温、需要躲避多少级的大风，还会发明一个 EggMate® 代替孵化，好让父辈们能够去南极酒吧里跟女性同伴畅饮几杯温暖的啤酒。

事实上，人类在生活中几乎找不到不能做得更好的事情，一点点小摩擦、小麻烦，都能用关节润滑剂和天马行空的创造力加以改善。人类无时无刻不在推动着社会的进步，而且人们认为，即使是爱，也一定能做得更好，只需要弄清楚如何彻底驯服一头爱情猛兽，并让它为所有人持续不间断地工作，就万事大吉了。

然而，尽管有了金钱、科研成果、飞速发展的电子科技、神奇的数学概率魔法以及爱情实验的帮助，我们也好像始终被困在爱情的迷宫中找不到出口，跟 500 年前的莎士比亚面临着一模一样的疑虑与困惑。我们如何解开他解不开的爱情难题？又从中学到了什么？如今的我们是否在如何轻松获得一份更加保值的爱情方面获得了重大突破呢？如果有，这个突破是什么呢？

我能想到的只有一点。随着时间的推移，人们正在逐渐敞开爱之殿堂的大门，包容更多种类的爱情，这一点可算得上是在爱情的历史进程上迈出的一大步。虽然前进的步伐很慢，但不得不承认人类确实正在慢慢学习接纳不同形态的爱情，不过好像这并没什么值得夸耀的。由于现代社会发展的逐步多元化，人们对于非传统爱情的态度渐渐由恐惧转向鼓励，比如一段涉及家族禁忌、跨种族、跨阶级、跨宗教的婚姻，以及同性恋、残疾人和精神病患者的结合等。不过依然有很多人试图禁止此类不合“伦理道德”的婚姻，这些人给“畸形”的婚姻画上大大的禁止符，宣扬凡是不合伦理的婚姻都是耻辱性婚姻，甚至将其妖魔化。不过，群众的力量是强大的，历史的车轮在滚滚转动，社会舆论的影响不可逆转，人们正被卷入一场自由开放的爱情潮流之中。你可能会说，人们正在变得爱意浓浓，好吧，至少更加懂得同情和理解了。

同时，人们也在探索爱情科学的奥秘之路上渐行渐远。不管那些科学家的动机是什么，我不由自主地从心底对他们不惜花费时间和精力解决爱情难题的行为油然而生一种异常亲切的感觉。不管你是一位研究欲望魔药的科学家、一位计算男女匹配概率的数学家，还是一位试图挽救爱情的失意情人，抑或是像我这样试图了解一切的爱情作家，你都已经得到了我深切的好感与同情。因为调查爱情是一项令人沮丧的任务，最后的结果往往是徒劳无功，不过既然我们已经勇敢地踏上了这条道路，就要心怀不撞南墙不回头的勇气一次又一次地尝试下去。

同样地，我必须承认我自己对爱情也存有一点点遗憾，因为我不遗余力地、全方位审查着爱情，而爱情也在不停地经受着我严苛的问责。有时我会情不自禁地把爱情想象成一只有生命、会呼吸的生物，人类时时刻刻都在追捕它，捉到之后将其麻醉，并试图弄明白这个小生物到底是由什么组成的，然后按照人类的规则与制度驯服它，最后再在它的身上安装 GPS 追踪系统，把它送回旷野，以便于下次更容易捉到它，也更容易查清楚它的动向与习性。

我的想象引出了整本书最后一个小问题：如果爱情是一个活生生的、会呼吸的小动物，你会把它想象成什么呢？看起来像小娃娃的丘比特？毛茸茸的长着一张心形小脸和粉红耳朵的动物？一位僧人？还是其他的什么？

当我在脑海中勾勒爱情的形象时，我更倾向于把它想象成外星人 E.T. 的样子，没错，就是 30 年前史蒂芬·斯皮尔伯格创造出的那个经典银幕形象。E.T. 举着自己发着光的手指对着年轻人说一句“速速变好”，出血手指便自行愈合。这难道不是爱情最好的形式吗？自行愈合，然后快速恢复。然而，在电影中，E.T. 被冷酷无情的政府人员和科学家带走了，他们对 E.T. 的来历和神奇能力追根究底。电影的最后，可爱的外星人 E.T. 躺在手术台上濒临死亡，他的身体微微发着红光，电极贴满了他严重脱水的身体。

我一想到人们付出越来越多的努力试图将爱情“解码”——这种行为确实可能导致——就会不禁勾勒出这样的画面：穿着白大褂、戴着眼镜的冷酷科学家们围着瑟瑟发抖的“爱情”裸体喃喃自语。既然如此，我们已经没办法再对它做些什么了，真是太不幸了，接下来我们不得不杀了它才能彻底弄清楚它的内部构造。任何人都能想到这最后一个步骤吧，至少我们可以对它进行尸检，看看这个部位究竟为什么能发出滴答的声音。

有一点我必须要说明：如果你是一位急于揭开爱情秘密的科学家，你可能会在实验室里研究男女之间奇妙的吸引力，并确定爱情的化学起源；如果你是一位商人，你可能会收集大量的约会数据进行调查研究，从而提高客户的匹配成功的概率，进而扩大公司的规模，最后提升客户的择偶标准；如果你是一位爱情作家或报纸编辑，你可能会选择通过阅读上万则陌生人的爱情故事的方式探索爱情，然后按照不同的爱情理论，分门别类地将其写成一本书。也许我们做出这么多努力只为了决定爱谁、在哪里找到爱情、如何延长爱情的保鲜期，以及获得完满的爱情结果吧。

爱情是伟大的，为了寻找爱情付出的一切努力也是伟大的，我不反对用知识和理论追求爱情，当我们将爱情分解，科学分析、运用理论解释爱情的运作过程时，难道没有人觉得我们已经远远偏离了寻爱的正确道路了吗？让我们结束冷冰冰对待爱情的时代吧，让我们试着拥抱爱的复杂性，就像我们努力找出真相一样。让我们后退一步，对爱情抱有一颗谦卑敬畏的心吧，对爱的奥秘感到惊叹吧，这能帮助我们成为更好的寻爱人。

Love Illuminated: Exploring Life's Most Mystifying Subject (with the Help of 50 000 Strangers) by Daniel Jones.

ISBN: 978-0-06-221116-3

Pulished by arrangement with William Morrow Paperbacks, an imprint of HarperCollins Publishers through Bardon-Chinese Media Agency

图书在版编目（CIP）数据

爱情十讲 /（美）琼斯著；姜晓乐，魏宁译 .—北京：中国人民大学出版社，2016. 6

ISBN 978-7-300-22463-3

Ⅰ. ①爱… Ⅱ. ①琼… ②姜… ③魏… Ⅲ. ①爱情—研究 Ⅳ. ① C913.1

中国版本图书馆 CIP 数据核字（2016）第 025517 号

爱情十讲

[美] 丹尼尔·琼斯　著

姜晓乐　魏　宁　译

Aiqing Shijiang

出版发行	中国人民大学出版社		
社　　址	北京中关村大街31号	**邮政编码**	100080
电　　话	010–62511242（总编室）		010–62511770（质管部）
	010–82501766（邮购部）		010–62514148（门市部）
	010–62515195（发行公司）		010–62515275（盗版举报）
网　　址	http:// www. crup. com. cn		
	http:// www. ttrnet. com（人大教研网）		
经　　销	新华书店		
印　　刷	北京中印联印务有限公司		
规　　格	145 mm × 210 mm　32开本	**版　　次**	2016年6月第1版
印　　张	5.75　插页1	**印　　次**	2016年6月第1次印刷
字　　数	141 000	**定　　价**	45.00元
